1964
31 de marzo | Golpe de estado en Brasil.

1971
21 de agosto | Golpe de estado en Bolivia.

1973
27 de junio | Instalación de un gobierno cívico-militar en Uruguay.
11 de septiembre | Golpe de estado en Chile.

1974
30 de septiembre | El general Carlos Pratt, exvicepresidente de Chile, es asesinado en un atentado con bomba en Buenos Aires.

1975
25 de noviembre | Nace oficialmente la Operación Cóndor durante una reunión de los servicios de inteligencia de Argentina, Bolivia, Chile, Uruguay y Paraguay, así como observadores de Brasil.

1976
4 de marzo | Golpe de estado en Argentina.
2 de junio | El expresidente boliviano Juan José Torres es asesinado en Buenos Aires.
21 de septiembre | El exministro de Asuntos Exteriores chileno Orlando Lettelier es asesinado en un atentado con bomba en Washington D.C. , Estados Unidos.

1475

Cinco Meses de
Dr.

BOMBEROS

243
270
244

230

296

251

PRIMERA REUNION DE TRABAJO DE INTELIGENCIA NACIONAL

I.- FUNDAMENTOS.

La Subversión desde hace algunos años, se encuentra presente en nuestro Continente, amparado por concepciones políticas-económicas que son fundamentalmente contrarias a la Historia, a la Filosofía, a la Religión y a las costumbres propias de los países de nuestro Hemisferio.

Esta situación descrita, no reconoce Fronteras ni Países, y la infiltración penetra todos los niveles de la vida Nacional.

La Subversión, ha desarrollado Mandos Intercontinentales, Continentales, Regionales y Subregionales, centralizados para coordinar las acciones disociadoras. A manera de ejemplo podemos citar la Conferencia Tricontinental de la Habana, la Junta Coordinadora Revolucionaria para el Sur, etc., todo ello amenizado con toda suerte de Comités de Solidaridad con.........; de Congresos para........; de Tribunales de..........; de Encuentros........; de Festivales........; de Conferencias ....etc.

En cambio los países que están siendo agredidos Política-Económica y Militarmente (desde adentro y fuera de sus fronteras), están combatiendo solos o cuando más con entendimientos bilaterales o simples "acuerdos de caballeros".

Es para enfrentar esta Guerra Psicopolítica, hemos estimado que debemos contar en el ámbito Internacional no con un Mando centralizado en su accionar interno, sino que con una Coordinación eficaz que permita un intercambio oportuno de informaciones y experiencias además con cierto grado de conocimiento personal entre los Jefes responsables de la Seguridad.

II.- PROPOSICION.

Para materializar los intercambios de información se proponen las siguientes acciones a la digna consideración de los Honorables delegados, consistente en una Oficina de Coordinación y Seguridad.

//..

A.- Banco de Datos.

Establecer en un País de los que aquí se encuentran representados, un Archivo Centralizado de Antecedentes de Personas, Organizaciones y otras Actividades, conectadas directa o indirectamente con la Subversión.

En líneas generales, algo similar a lo que tiene INTERPOL., en París, pero dedicado a la Subversión

Desde luego, este Banco de Datos, debe ser manejado financiado y alimentado por los Servicios de Seguridad de los Países interesados, de acuerdo a un Reglamento Orgánico y de Funcionamiento aprobado por los Delegados.

B.- Central de Informaciones.

Para obtener un eficaz rendimiento en el uso del Banco de Datos, es necesario contar con un Sistema de Comunicaciones moderno y ágil, que permita cumplir con los principios de rapidez y oportunidad en la entrega de la información. A modo de ejemplo, el sistema podría conformarse a base de:

1.- Transmisión por Telex.

2.- Medios de Criptografía.

3.- Teléfonos con inversores de voz.

4.- Correos.

Este Sistema debe ser manejado, financiado y alimantado por los Servicios de Seguridad de los Países interesados, de acuerdo a un Reglamento.

C.- Reunión de Trabajo.

Con el fin de ir evaluando los servicios prestados por la Oficina de Coordinación de Seguridad, tratar problemas específicos; realizar contactos de coordinación o conocimiento personal, deben programarse Reuniones de Trabajo en los Países cuyos servicios de Seguridad serán parte de este Sistema. También deben estimularse Reuniones de Trabajo bilaterales o extraordinarios cuando la situación así lo exija.

Para evitar cargas onerosas o compromisos, este tipo de reuniones deben estar regidas por un Reglamento de funcionamiento, que permita un ordenamiento de las mismas.

//..

D.- Estos tres elementos básicos: Banco de Datos, Central de Informaciones y Reuniones de Trabajo, forman el Sistema de Coordinación de Seguridad propuesto.

III.- PAISES PARTICIPANTES.

Pueden ingresar todos los países que quieran, siempre y cuando, no representen a países Marxistas.

La admisión desde luego debe estar sujeta a la Reglamentación del Sistema.

IV.- SEDE DE SISTEMA Y VISION GENERAL.

A.- La Dirección de Inteligencia Nacional, está en condiciones de ofrecer como Sede del Sistema a Santiago de Chile, pero se somete a cualquier tipo de acuerdo que exista entre los Países participantes.

B.- La Dirección del Sistema debe ser ejercida en la forma que los países lo acuerden, ya sea en forma rotativa, por elección y conforme a un período determinado.

C.- Los Países deben concurrir en forma igualitaria y proporcional al mantenimiento del Sistema, conforme a los acuerdos que se determinen.

D.- El personal técnico del Sistema debe ser proporcionado en forma igualitaria o proporcional por los Servicios involucrados, y solo el personal no técnico puede ser contratado localmente previa Investigación de confiabilidad.

El Personal Técnico, debe tener inmunidad diplomática y estar agregado a su respectiva Representación de acuerdo a las normas que le fije cada País, aunque es deseable que ellos dependan directamente de sus Servicios.

V.- ESQUEMA ORGANICO PROPUESTO.

(Ver anexo A.-)

VI.- MECANICA DE CONSULTA.

(Ver anexo B.-)

//..

VIII.- PROGRAMA DE TRABAJO.

A.- DIA MIERCOLES 26 de NOVIEMBRE.

1.- 1a. Sesión de Trabajo.
Hora: 11.30 13.30 hrs.
Materia: Organización de la Dirección de Inteligencia Nacional. Situación de la Subversión en Chile.
- Objetivo de la 1a. Reunión de Trabajo de Inteligencia Nacional.

2.- 2a. Sesión de Trabajo.
Hora: 15.30 19.30 hrs.
Materia: Cada país participante puede si así lo desea, disponer de 1 hora y 30 mitos para exponer su Organización de Inteligencia, su actual situación de la Subversión y forma de combatirla.

B.- DIA JUEVES 27 de NOVIEMBRE.

1.- 3a. Sesión de Trabajo.
Hora: 09.00 13.30 hrs.
Materia: Tiempo disponible para las exposiciones de los países.

2.- 4a. Sesión de Trabajo.
Hora: 15.30 19.30 hrs.
Materia: Necesidad de contar con un Sistema de Coordinación de Seguridad.
- Opinión de los participantes.
- Estructuración del Sistema, Organización y funcionamiento.

C.- DIA VIERNES 28 de NOVIEMBRE.

1.- 5a. Sesión de Trabajo.
Hora: 09.00 13.30 hrs.
Materia: Dotación de Medios, Personal, costos del Sistema.
- Distribución y obligación de los países.

2.- 6a. Sesión de Trabajo.
Hora: 15.30 19.30 hrs.
Materia: Continuación de las conversaciones sobre el Sistema propuesto.

D.- DIA SABADO 29 de NOVIEMBRE.

1.- 7a. Sesión de Trabajo.
Hora: 10.00 13.00
Materia: Lectura y aprobación del acta final. Clausura de la 1a. Reunión de Trabajo de Inteligencia Nacional.

//..

180

00022F 0162

00143F 0019

IX.- INFORMACIONES PARA LOS ASISTENTES.

A.- La Dirección de Inteligencia Nacional, tiene el agrado de invitar a los miembros de los Servicios de acuerdo a lo siguiente:

1.- Cancela la Dirección de Inteligencia Nacional, gastos de Hotel, y alimentación para 3 Delegados por País invitado.

2.- Les coloca a cada Delegación los medios de transporte en Chile con un Oficial acompañante.

3.- Proporciona el total de la Seguridad requerida.

4.- Locales de Reunión y todos los medios para esta Asamblea.

B.- Se adjunta una clave (anexo C.-) para comunicar por Telex los siguientes antecedentes:

1.- Grado, Nombre y Cargo de los participantes.

2.- Línea Aérea, Número del Vuelo y día que arriban.

3.- La Comunicación debe hacerse a la siguiente Dirección:
LUIS GUTIERREZ.
Telex INSRE. 40619- CL.

Como alternativa pueden llamar por teléfono al número 394133 de Santiago de Chile al Sr. Luis Gutiérrez.

/.

ALFABETO D

00022F 0165

CLARO a b

CLAVE D Q Z

INSTR

Para C

tituída por una
tra del texto que
aparece debajo
de estas hasta
Una ve
criben en el fo
por lo cual debe

Para D

letras, la ubica
está sobre ella
las letras, se l
el formulario en

EJEMP

La letra "v" en

viajaremanana
NXDBDTCADJDJ

USTITUCION SIMPLE (Anexo C.-)

00143F 0022

e	f	g	h	i	j	k	l	m	n	o	p	q	r	s	t	u	v	w	x	y	z
C	R	U	I	X	B	P	M	A	J	V	G	K	T	F	W	L	N	E	S	H	O

IONES PARA CIFRAR Y DESCIFRAR.

r.

Cada letra del Alfabeto Normal (claro, escrito con minúsculas) está sus-
a distinta, (En Mayúsculas). Para cifrar un mensaje tomamos la primera le-
seamos cifrar, la buscamos en el Alfabeto Claro y la reemplazamos por la que
sta,(Alfabeto Cifrador). Lo mismo se hace con la segunda letra y con el resto
inar el mensaje.
frado todo el texto, se toman las letras y se agrupan de cinco en cinco. Se es-
ario definitivo para transmitir o enviar. La letra "Ñ" no se ha considerado
eemplazarse por la letra "N".

ifrar.

Al recibir un Criptograma (mensaje cifrado), tomamos una por una sus
en el Alfabeto Cifrador (Con Mayúsculas), y la reemplazamos por la letra que
l Alfabeto Claro (Con Minúsculas). Una vez que se hayan reemplazado todas
uidadosamente el texto que salió y se separan las palabras, luego se escribe en
se entregará a su destino.

MENSAJE A CIFRAR: "VIAJAREMAÑANA".

laro se reemplaza por la letra "N" que la clave. La letra "i" por la letra "X".

mensaje en claro. MENSAJE A ENVIAR: NXDBD TCADJ DJD
mensaje cifrado

163

CÓN

DOR

João Pina

BLUME

mientras muchos regímenes y sus oponentes optaban por amnistías del tipo «mirar a otro lado» para poner fin a sus conflictos. En su gran mayoría, los asesinos quedaron libres, impunes, igual que algunos de los exnazis que, en ocasiones, los habían apadrinado o se habían convertido en sus modelos.

Es la cualidad de «olvidado» de este episodio la que el magnífico e inquietante libro de João Pina trata de evocar. En las fotografías de familiares, lugares de ejecución y cámaras de tortura, o en los emplazamientos en los que fueron vistos los desaparecidos por última vez (en los rostros llenos de emoción de sus madres, padres, hijos y amantes), Pina compone un sentido epitafio para esas personas, cuyas vidas fueron borradas en secreto, cuyos cuerpos se hicieron desaparecer y, en ocasiones, cuya misma existencia fue puesta en duda.

También encontramos a algunos de los asesinos del Cóndor, hombres antaño poderosos que miran fijamente a sus manos, o al suelo, en vez de mirar al fotógrafo. Otros ocultan sus rostros para no ser vistos, pero es el suyo un propósito vano, puesto que los crímenes que alguna vez trataron de ocultar los conoce hoy todo el mundo, del mismo modo que se conoce su identidad de torturadores y asesinos.

En estas imágenes uno siente la victoria definitiva del concepto de memoria histórica, que es no obstante una victoria pírrica, puesto que nada devolverá la vida a aquellos que la perdieron.

21 de marzo de 2014

J11

Taty Almeida

(N. 1930, BUENOS AIRES, ARGENTINA)

Siempre había oído hablar de «las Madres», las madres de los desaparecidos de la dictadura militar argentina que desde 1977 se reúnen todos los jueves a media tarde en la Plaza de Mayo, frente a la Casa Rosada, el palacio presidencial de Buenos Aires. Llevan pañuelos blancos en la cabeza con los nombres de sus hijos en azul y dan vueltas a la plaza en un silencio absoluto. Las vi durante mi primera visita en 2004 y me recorrió un escalofrío cuando alguien exclamó: *¡Treinta mil compañeros detenidos-desaparecidos!* y todas gritaron al unísono: *¡Presentes!*

Poco después, un amigo me puso en contacto con Taty: Lidia Stella Mercedes Miy Uranga. En 2006 nos vimos por primera vez. Taty me contó que creció en un entorno militar, puesto que su padre era oficial de caballería. Ya convertida en profesora de primaria, se casó con un civil, también de familia de militares, con quien tuvo tres hijos, Jorge, Alejandro y Fabiana, antes de divorciarse.

En 1974, tras la muerte del presidente Juan Domingo Perón, asumió el mando su esposa «Isabelita» Perón, hasta entonces vicepresidenta. Es entonces cuando se formó la Triple A (Alianza Anticomunista Argentina), grupo paramilitar apoyado por el estado que actuaba como escuadrón de la muerte contra militantes de izquierda. El 17 de junio de 1975, Alejandro, de 20 años de edad y estudiante de primero de Medicina, fue secuestrado por este grupo y hasta hoy su nombre figura en la lista (que varía entre los 12.000 y los 30.000 registros) de desaparecidos argentinos.

Taty no sabía que Alejandro militara en el ERP (Ejército Revolucionario del Pueblo), la guerrilla marxista-guevarista liderada por Mario Roberto Santucho (desaparecido en 1976). Desesperada por tener noticias suyas, se dirigió a los amigos de la familia, militares, pero no obtuvo más que respuestas negativas.

En 1976 un golpe de estado instaló en el gobierno a la junta de Jorge Rafael Videla. Con amigos en el poder, Taty confiaba en poder encontrar a su hijo. Tardó años en abandonar esta lógica militar, hasta que en 1980 visitó a «las Madres». Recuerda un enorme panel con fotografías de miles de personas que le hizo pensar finalmente que no estaba sola.

Tan solo le preguntaron: A ti, *¿quién te falta?*, sin interesarse por sus creencias políticas o religiosas.

El grupo se escindió en 1986 y ella sigue militando hoy en Madres-Línea Fundadora, que son para ella una segunda familia. Nunca ha vuelto a saber nada de su hijo, tan solo puede imaginarse lo que le sucedió. Mantiene la esperanza de que el EAAF (Equipo Argentino de Antropología Forense) consiga identificar sus restos antes de que ella muera.

Desde nuestro primer encuentro, Argentina ha cambiado mucho. Taty está orgullosa de que Néstor Kirchner pidiese perdón por los crímenes cometidos por el estado y consiguiese que los derechos humanos empezaran a contar en política. A partir de 2005 se revocaron las leyes de impunidad, y en 2006 empezaron los juicios a militares y civiles implicados en crímenes de lesa humanidad. La diferencia entre ayer y hoy, señala Taty, es que hoy los militares tienen todas las garantías de un juicio justo, con abogados y con leyes. Al contrario que en el caso de los jóvenes desaparecidos, no se trata de venganza.

Taty es católica, lo que no le impide acusar a la cúpula de la iglesia de complicidad con la dictadura y espera que el papa Francisco, argentino, pida perdón por ello. Le indigna que hasta ahora sólo se haya condenado a un sacerdote (a cadena perpetua: Christian von Wernich).

Siempre radiante y llena de vida, a pesar de todo lo que ha pasado, me habla de sus nietos y me cuenta con emoción que ahora es bisabuela. La última vez que hablamos, en febrero de 2014, Alejandro hubiera cumplido 59 años. Y sigue cumpliéndolos, dice Taty.

THE NORTH FACE
SUMMIT SERIES

Veronica De Negri

(N. 1945, TALCA, CHILE)

DEFINICIONES

Tributo a Rodrigo, en el séptimo aniversario del día
en que 33 militares lo quemaron vivo.

I

¿Qué pueden saber aquellos a quienes
Nunca les quemaron vivo a un hijo?
Ellos, ellas, dicen que entienden
Y definen el crimen:
ESO ES LO PEOR
QUE LE PUEDE PASAR
A UNA MUJER.
Otros, tomando en sus manos
Lo que llaman justicia
van y la transforman,
Transan con nuestras vidas.
Otros, más poderosos,
Protegen a los criminales,
Protegen hasta sus nombres,
En el nombre de aquello
Que definen
Como la VERDAD
Y RECONCILIACIÓN.

II

¿Qué pueden saber aquellos a quienes
Nunca se les ha torturado
Después de haberles arrancado
Sus hijos?
Ellos, ellas, dicen que saben,
Que entienden.
Y definen el crimen:
ESO ES LO PEOR
QUE LE PUEDE PASAR
A UN SER HUMANO.
Y tomando en sus manos aquello que
vivimos
Viajan por el mundo, hacen análisis,
Escriben libros y deciden
Quienes merecen
Ser prisioneros de conciencia,
Hasta los definen:
Violentos/no violentos.
Eso que ellos dicen que entienden,
Lo usan para aumentar
Los caudales que les permiten
Tener una vida protegida.
Ellos, ellas, dicen que es
Para nosotros, los que sufrimos.
Y sin embargo usan nuestras vivencias
Para hacerse llamar expertos,
Ser consultados por gobiernos,
Comunidades, grupos.
Transan con nuestras vidas
Según ellos, para protegernos.
Dicen que saben pero nunca nos
escuchan.
Son los mismos que nos explotan
Y hacen pornografía de nuestro dolor.

III

¿Qué saben aquellos, aquellas
A quienes nunca se les ha violado?
Son los mismos a quienes les gusta
De tomar la bandera
De la defensa.
Definen el crimen:
ESO ES LO PEOR
QUE LE PUEDE PASAR
A UN SER HUMANO.
Son los mismos que dicen saber
Y toman nuestra vida y la transan.
Son los mismos que nos catalogan:
Quienes fuimos violadas o violados
Con ratones, somos creadores
de una fantasía psíquica
Necesaria para subsistir.
¿Qué pueden saber ellos, ellas?
Acaso sintieron a ese animal
Moverse con desesperación
Para salir del atrape?
Pero son ellos, ellas mismas,
Quienes definen nuestras vidas,
Las transan, las asaltan,
Las vejan creando términos
Políticamente correctos.
Definen lo que es normal o anormal,
Qué es cierto o no cierto,
Qué es violencia o no violencia
Qué es verdad
Qué es tortura o no tortura
Qué es dolor o no dolor.
Pescan nuestras vidas
Las revientan
En una forma difícil de reconstruir.
Y nos dicen cuando pedimos justicia:
«ES HORA DE SER BONDADOSOS,
De reconciliarnos para que el país,
Se pueda reconstruir.»
¡BASTA DE DEFINICIONES!
Es hora de que la sociedad
Entienda que mientras
No se castigue a los criminales,
No haya justicia,
No se conozca la verdad
Y exista el respeto
De entender el dolor
De los otros en todas sus magnitudes,
De nada valen
Las
DEFINICIONES.

Veronica De Negri

Veronica De Negri

(N. 1945, TALCA, CHILE)

DEFINICIONES

Tributo a Rodrigo, en el séptimo aniversario del día
en que 33 militares lo quemaron vivo.

I

¿Qué pueden saber aquellos a quienes
Nunca les quemaron vivo a un hijo?
Ellos, ellas, dicen que entienden
Y definen el crimen:
ESO ES LO PEOR
QUE LE PUEDE PASAR
A UNA MUJER.
Otros, tomando en sus manos
Lo que llaman justicia
van y la transforman,
Transan con nuestras vidas.
Otros, más poderosos,
Protegen a los criminales,
Protegen hasta sus nombres,
En el nombre de aquello
Que definen
Como la VERDAD
Y RECONCILIACIÓN.

II

¿Qué pueden saber aquellos a quienes
Nunca se les ha torturado
Después de haberles arrancado
Sus hijos?
Ellos, ellas, dicen que saben,
Que entienden.
Y definen el crimen:
ESO ES LO PEOR
QUE LE PUEDE PASAR
A UN SER HUMANO.
Y tomando en sus manos aquello que
vivimos
Viajan por el mundo, hacen análisis,
Escriben libros y deciden
Quienes merecen
Ser prisioneros de conciencia,
Hasta los definen:
Violentos/no violentos.
Eso que ellos dicen que entienden,
Lo usan para aumentar
Los caudales que les permiten
Tener una vida protegida.
Ellos, ellas, dicen que es
Para nosotros, los que sufrimos.
Y sin embargo usan nuestras vivencias
Para hacerse llamar expertos,
Ser consultados por gobiernos,
Comunidades, grupos.
Transan con nuestras vidas
Según ellos, para protegernos.
Dicen que saben pero nunca nos
escuchan.
Son los mismos que nos explotan
Y hacen pornografía de nuestro dolor.

III

¿Qué saben aquellos, aquellas
A quienes nunca se les ha violado?
Son los mismos a quienes les gusta
De tomar la bandera
De la defensa.
Definen el crimen:
ESO ES LO PEOR
QUE LE PUEDE PASAR
A UN SER HUMANO.
Son los mismos que dicen saber
Y toman nuestra vida y la transan.
Son los mismos que nos catalogan:
Quienes fuimos violadas o violados
Con ratones, somos creadores
de una fantasía psíquica
Necesaria para subsistir.
¿Qué pueden saber ellos, ellas?
Acaso sintieron a ese animal
Moverse con desesperación
Para salir del atrape?
Pero son ellos, ellas mismas,
Quienes definen nuestras vidas,
Las transan, las asaltan,
Las vejan creando términos
Políticamente correctos.
Definen lo que es normal o anormal,
Qué es cierto o no cierto,
Qué es violencia o no violencia
Qué es verdad
Qué es tortura o no tortura
Qué es dolor o no dolor.
Pescan nuestras vidas
Las revientan
En una forma difícil de reconstruir.
Y nos dicen cuando pedimos justicia:
«ES HORA DE SER BONDADOSOS,
De reconciliarnos para que el país,
Se pueda reconstruir.»
¡BASTA DE DEFINICIONES!
Es hora de que la sociedad
Entienda que mientras
No se castigue a los criminales,
No haya justicia,
No se conozca la verdad
Y exista el respeto
De entender el dolor
De los otros en todas sus magnitudes,
De nada valen
Las
DEFINICIONES.

Veronica De Negri

26

25
24
23

Vicente
Segundo
Palomino
A nuestro
Hermano

Sergio F.
Ruiz L.
Desaparecido
20-12-1984
En tu
imborrable
recuerdo
de tu
hermana
Magali
y
sobrinos.

Maurice Politi

(N. 1949, ALEJANDRÍA, EGIPTO)

A Maurice me lo presentó Frei Betto como el guardián de la memoria de los presos políticos en Brasil. Sus padres, judíos de Alejandría, fueron expulsados de Eg pto en 1956 durante la guerra de Suez y emigraron a São Paulo.

Cuando se produjo el golpe militar en 1964, Maurice estudiaba en un colegio público en el que conoció a gente que moriría después luchando contra el régimen. Se politizó y empezaron a perseguirle por distribuir panfletos. Entró en la ALN (Acção Libertadora Nacional), una guerrilla urbana en la que realizaba tareas logísticas. Viajó varias veces al sur para llevar documentación falsa a los militantes que debían salir hacia Argentina o Uruguay.

En 1969, cuando el DOPS (policía política) ejecutó al líder histórico de la ALN, Carlos Marighella, el liderazgo pasó a Joaquim Câmara Ferreira, «Toledo». Maurice era de los pocos que tenían acceso a él; se hacía pasar por su sobrino y alquiló para él un apartamento al que le llevaba la prensa diaria.

En 1970, a los 21 años, fue capturado en una emboscada del DOPS, pero al no estar fichado, consiguió engañar a sus interrogadores y ocultar el paradero de Toledo. No obstante, días más tarde descubrieron su identidad y supieron de la huida de Toledo. Le torturaron en la silla del dragón, una especie de silla eléctrica, y el *pau de arara*: colgado cabeza abajo, desnudo, con las piernas flexionadas alrededor de una barra de metal a la altura de las rodillas, mientras le aplicaban descargas eléctricas y le golpeaban.

Antes de ser capturado, lo habían convocado para la jura de bandera que le habría proporcionado la nacionalidad brasileña. Pero ese día era torturado en la sede de la Operação Bandeirantes, un grupo paramilitar que capturaba e interrogaba a «subversivos» con el apoyo del régimen y la financiación de empresas como General Motors, el grupo Ultragás (cuyo presidente sería más adelante ejecutado por la guerrilla) y el diario *Folha de S. Paulo*, que cedía a la policía sus camiones de distribución).

Pero no todo son malos recuerdos. Maurice cuenta que, mientras estaba preso en la celda en la que lo fotografié, convenció a un guardia para que llevase a su padre un mensaje escrito en francés en el que le explicaba su situación. Años después supo que la nota le había llegado y que, cuando su padre había querido recompensar al guardia, éste se negó aceptar la recompensa.

Lo condenaron a diez años, recurrió la sentencia y redujeron la pena a cuatro. Pasó por varias cárceles (Tiradentes, Carandiru y Presidente Venceslau), en las que compartió celda con frailes dominicos, defensores de la Teología de la Liberación. Como no había llegado a obtener la nacionalidad brasileña, en 1975 acabó deportado como apátrida a Israel, donde vivía su hermana pequeña.

En Israel se instaló en un kibutz socialista compuesto mayoritariamente por argentinos. Allí conoció a una argentina que también había huido por razones políticas y con la que sigue casado. Tuvieron su primer hijo. Trabajaban en el huerto de naranjos, en la cocina, en los campos y en una fábrica del kibutz. Maurice recibió seis meses de entrenamiento militar para después incorporarse a la reserva del ejército israelí.

En 1979 la dictadura brasileña aprobó la Ley de Amnistía. Maurice regresó a São Paulo al año siguiente. Cuando ya tenía dos hijos fue contratado por una empresa suiza y pasó 20 años destacado en el extranjero, hasta 2004, sin hablar nunca de su pasado como preso político.

Se jubiló en 2007. Investigó durante un año y decidió escribir un libro (*Resistência Atrás das Grades*). Hoy se siente en paz con lo vivido y colabora en la divulgación de la memoria de las víctimas de la dictadura brasileña. Cree que sería importante cambiar el sistema de enseñanza militar: le parece terrible que se siga enseñando que los militares salvaron Brasil de ser una república anarcosindicalista creada por terroristas.

Maurice Politi

(N. 1949, ALEJANDRÍA, EGIPTO)

A Maurice me lo presentó Frei Betto como el guardián de la memoria de los presos políticos en Brasil. Sus padres, judíos de Alejandría, fueron expulsados de Egipto en 1956 durante la guerra de Suez y emigraron a São Paulo.

Cuando se produjo el golpe militar en 1964, Maurice estudiaba en un colegio público en el que conoció a gente que moriría después luchando contra el régimen. Se politizó y empezaron a perseguirle por distribuir panfletos. Entró en la ALN (Acção Libertadora Nacional), una guerrilla urbana en la que realizaba tareas logísticas. Viajó varias veces al sur para llevar documentación falsa a los militantes que debían salir hacia Argentina o Uruguay.

En 1969, cuando el DOPS (policía política) ejecutó al líder histórico de la ALN, Carlos Marighella, el liderazgo pasó a Joaquim Câmara Ferreira, «Toledo». Maurice era de los pocos que tenían acceso a él; se hacía pasar por su sobrino y alquiló para él un apartamento al que le llevaba la prensa diaria.

En 1970, a los 21 años, fue capturado en una emboscada del DOPS, pero al no estar fichado, consiguió engañar a sus interrogadores y ocultar el paradero de Toledo. No obstante, días más tarde descubrieron su identidad y supieron de la huida de Toledo. Le torturaron en la silla del dragón, una especie de silla eléctrica, y el *pau de arara*: colgado cabeza abajo, desnudo, con las piernas flexionadas alrededor de una barra de metal a la altura de las rodillas, mientras le aplicaban descargas eléctricas y le golpeaban.

Antes de ser capturado, lo habían convocado para la jura de bandera que le habría proporcionado la nacionalidad brasileña. Pero ese día era torturado en la sede de la Operação Bandeirantes, un grupo paramilitar que capturaba e interrogaba a «subversivos» con el apoyo del régimen y la financiación de empresas como General Motors, el grupo Ultragás (cuyo presidente sería más adelante ejecutado por la guerrilla) y el diario *Folha de S. Paulo*, que cedía a la policía sus camiones de distribución).

Pero no todo son malos recuerdos. Maurice cuenta que, mientras estaba preso en la celda en la que lo fotografié, convenció a un guardia para que llevase a su padre un mensaje escrito en francés en el que le explicaba su situación. Años después supo que la nota le había llegado y que, cuando su padre había querido recompensar al guardia, éste se negó a aceptar la recompensa.

Lo condenaron a diez años, recurrió la sentencia y redujeron la pena a cuatro. Pasó por varias cárceles (Tiradentes, Carandiru y Presidente Venceslau), en las que compartió celda con frailes dominicos, defensores de la Teología de la Liberación. Como no había llegado a obtener la nacionalidad brasileña, en 1975 acabó deportado como apátrida a Israel, donde vivía su hermana pequeña.

En Israel se instaló en un kibutz socialista compuesto mayoritariamente por argentinos. Allí conoció a una argentina que también había huido por razones políticas y con la que sigue casado. Tuvieron su primer hijo. Trabajaban en el huerto de naranjos, en la cocina, en los campos y en una fábrica del kibutz. Maurice recibió seis meses de entrenamiento militar para después incorporarse a la reserva del ejército israelí.

En 1979 la dictadura brasileña aprobó la Ley de Amnistía. Maurice regresó a São Paulo al año siguiente. Cuando ya tenía dos hijos fue contratado por una empresa suiza y pasó 20 años destacado en el extranjero, hasta 2004, sin hablar nunca de su pasado como preso político.

Se jubiló en 2007. Investigó durante un año y decidió escribir un libro (*Resistência Atrás das Grades*). Hoy se siente en paz con lo vivido y colabora en la divulgación de la memoria de las víctimas de la dictadura brasileña. Cree que sería importante cambiar el sistema de enseñanza militar: le parece terrible que se siga enseñando que los militares salvaron Brasil de ser una república anarcosindicalista creada por terroristas.

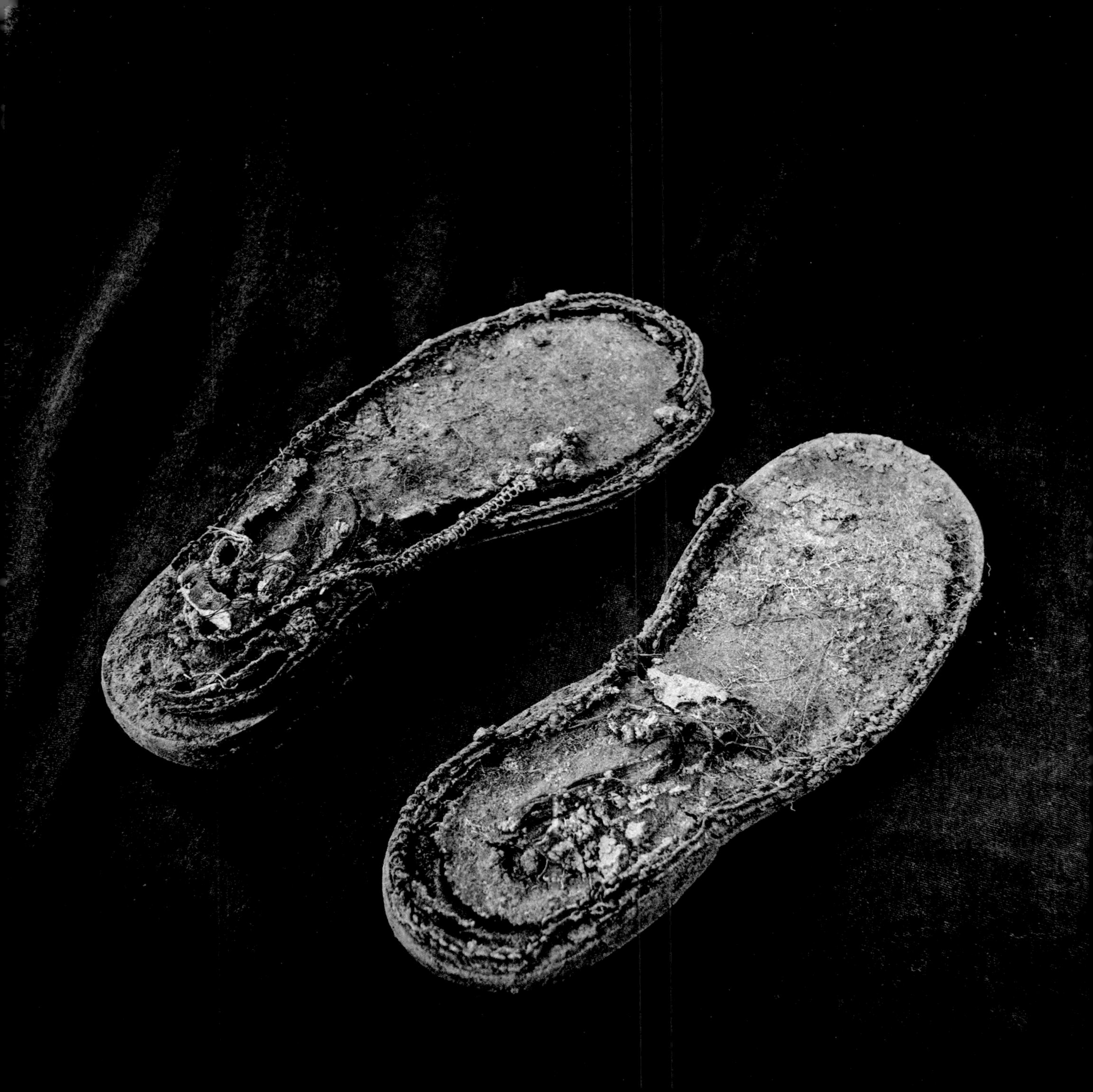

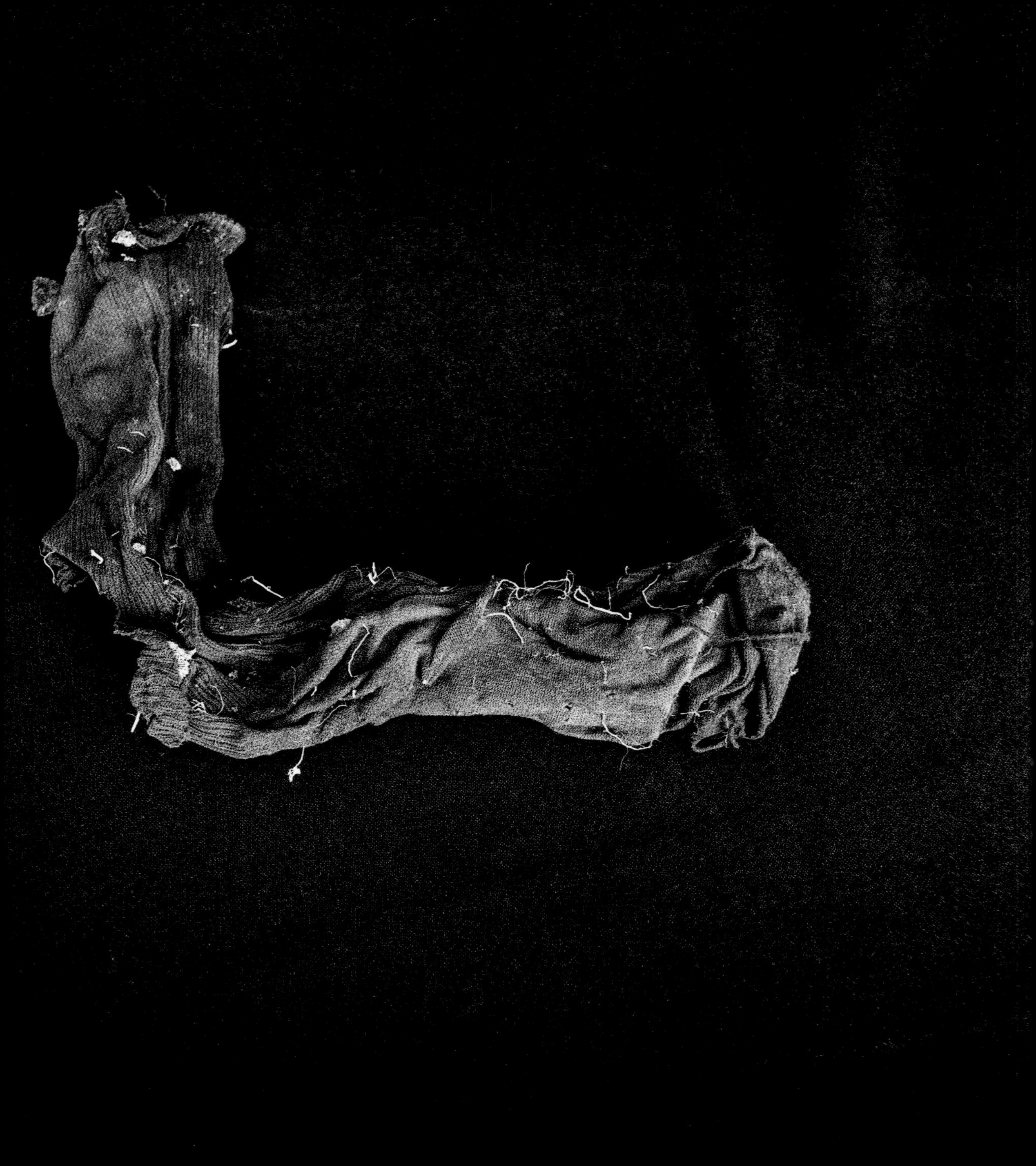

Alicia Cadenas y Ariel Soto

(N. 1949/1953, MONTEVIDEO, URUGUAY)

La historia de Alicia y Ariel podría ser la de muchos otros en Uruguay, el país del mundo con mayor número de presos políticos: cerca de siete mil, con apenas tres millones de habitantes. Les escribí en verano mientras estaban en Piriápolis, en la costa uruguaya, y me invitaron a pasar algunos días con ellos.

Alicia y Ariel se conocieron cuando militaban en el FER (Frente Estudiantil Revolucionario). Empezaron a salir dos meses antes del golpe del 27 de junio de 1973, tras el cual Ariel participaría en la fundación del PVP (Partido por la Victoria del Pueblo), cuya cúpula vivía en el exilio en Buenos Aires. Se encontraba precisamente en la capital argentina cuando la policía irrumpió en su casa en Montevideo para detenerlo. No volvió a Uruguay y poco después Alicia fue a reunirse con él. Entretanto, el PVP se embarcó en una estrategia de financiación que incluía el secuestro de un empresario, del que obtuvieron diez millones de dólares.

El 24 de marzo de 1976 se produjo el golpe por el cual Argentina, hasta aquel entonces la única democracia de la región, se sumaba a las dictaduras militares de derecha. En Buenos Aires murieron asesinados cuatro opositores uruguayos, entre ellos el conocido exsenador Zelmar Michelini.

Unos meses después, el 14 de julio de 1976, tuvo lugar el episodio que convirtió a Alicia y a Ariel en víctimas del Plan Cóndor. Alicia acudió a una casa que se sospechaba vigilada y unos militares la detuvieron a punta de pistola. Al no tener noticias de ella, Ariel fue también a esa casa.

Los llevaron a Automotores Orletti, el cuartel general clandestino del Cóndor en Argentina, con militares de diversas nacionalidades. Con los ojos vendados, Ariel sufrió golpes, descargas eléctricas y asfixia a manos de uruguayos y argentinos. Alicia, desnuda y colgada, recibió descargas eléctricas. Les daban comida en contadas ocasiones y Alicia perdió siete kilos en diez días. Entre sus torturadores se hallaba José Gavazzo, uno de los jefes de la inteligencia militar uruguaya, que en algún momento le permitió a Alicia darse una ducha. Esta consiguió deshacerse por algunos instantes de la venda que le tapaba los ojos, lo que después la ayudaría a identificar el lugar y a sus torturadores. Algunos de ellos están hoy en prisión.

El 24 de julio de 1976 los militares uruguayos devolvieron a 24 presos a su país en un vuelo clandestino que aterrizó en una base de Montevideo. Entre ellos estaban Ariel y Alicia. Otros militantes embarcados en vuelos diferentes siguen desaparecidos a día de hoy.

Estos 24 presos estuvieron detenidos hasta 1977, acusados de planificar una invasión armada en Uruguay, un montaje de los militares. Cuando salieron en libertad condicional, Alicia y Ariel huyeron a Brasil. Una vez allí, Frei Betto, figura destacada de la oposición, les ayudó a llegar a Río de Janeiro, desde donde la ONU los envió a Suecia con otros exiliados uruguayos, chilenos y argentinos.

El comienzo de la estancia en Gotemburgo fue traumático: el frío, el idioma y la idea de verse obligados a vivir allí durante un periodo indeterminado. Poco a poco, con una gran ayuda por parte del estado sueco, aprendieron el idioma y consiguieron empleo. Ella trabajó en artes gráficas y él, como operario en una fábrica. Tuvieron dos hijos y ganaban lo suficiente para disfrutar de sus vacaciones en el sur de Europa.

La dictadura terminó en 1986 y, así, regresaron a Montevideo, donde se separaron durante un periodo de 25 años. Alicia trabajó en el área gráfica de un diario, fue secretaria, vendedora y compró un taxi. Ariel fue trabajador metalúrgico y sindicalista, hasta que en 2010 el estado le otorgó una pensión vitalicia por su condición de antiguo preso político. Ese mismo año, con sus hijos ya adultos, Alicia y Ariel volvieron a formar pareja. Poco antes de despedirme de ellos, Alicia me cuenta cómo le indigna que haya gente que se baña en champaña en Punta del Este, una playa de lujo de Uruguay, mientras hay quienes no tienen un trozo de pan que comer.

Alicia Cadenas y Ariel Soto

(N. 1949/1953, MONTEVIDEO, URUGUAY)

La historia de Alicia y Ariel podría ser la de muchos otros en Uruguay, el país del mundo con mayor número de presos políticos: cerca de siete mil, con apenas tres millones de habitantes. Les escribí en verano mientras estaban en Piriápolis, en la costa uruguaya, y me invitaron a pasar algunos días con ellos.

Alicia y Ariel se conocieron cuando militaban en el FER (Frente Estudiantil Revolucionario). Empezaron a salir dos meses antes del golpe del 27 de junio de 1973, tras el cual Ariel participaría en la fundación del PVP (Partido por la Victoria del Pueblo), cuya cúpula vivía en el exilio en Buenos Aires. Se encontraba precisamente en la capital argentina cuando la policía irrumpió en su casa en Montevideo para detenerlo. No volvió a Uruguay y poco después Alicia fue a reunirse con él. Entretanto, el PVP se embarcó en una estrategia de financiación que incluía el secuestro de un empresario, del que obtuvieron diez millones de dólares.

El 24 de marzo de 1976 se produjo el golpe por el cual Argentina, hasta aquel entonces la única democracia de la región, se sumaba a las dictaduras militares de derecha. En Buenos Aires murieron asesinados cuatro opositores uruguayos, entre ellos el conocido exsenador Zelmar Michelini.

Unos meses después, el 14 de julio de 1976, tuvo lugar el episodio que convirtió a Alicia y a Ariel en víctimas del Plan Cóndor. Alicia acudió a una casa que se sospechaba vigilada y unos militares la detuvieron a punta de pistola. Al no tener noticias de ella, Ariel fue también a esa casa.

Los llevaron a Automotores Orletti, el cuartel general clandestino del Cóndor en Argentina, con militares de diversas nacionalidades. Con los ojos vendados, Ariel sufrió golpes, descargas eléctricas y asfixia a manos de uruguayos y argentinos. Alicia, desnuda y colgada, recibió descargas eléctricas. Les daban comida en contadas ocasiones y Alicia perdió siete kilos en diez días. Entre sus torturadores se hallaba José Gavazzo, uno de los jefes de la inteligencia militar uruguaya, que en algún momento le permitió a Alicia darse una ducha. Esta consiguió deshacerse por algunos instantes de la venda que le tapaba los ojos, lo que después la ayudaría a identificar el lugar y a sus torturadores. Algunos de ellos están hoy en prisión.

El 24 de julio de 1976 los militares uruguayos devolvieron a 24 presos a su país en un vuelo clandestino que aterrizó en una base de Montevideo. Entre ellos estaban Ariel y Alicia. Otros militantes embarcados en vuelos diferentes siguen desaparecidos a día de hoy.

Estos 24 presos estuvieron detenidos hasta 1977, acusados de planificar una invasión armada en Uruguay, un montaje de los militares. Cuando salieron en libertad condicional, Alicia y Ariel huyeron a Brasil. Una vez allí, Frei Betto, figura destacada de la oposición, les ayudó a llegar a Río de Janeiro, desde donde la ONU los envió a Suecia con otros exiliados uruguayos, chilenos y argentinos.

El comienzo de la estancia en Gotemburgo fue traumático: el frío, el idioma y la idea de verse obligados a vivir allí durante un periodo indeterminado. Poco a poco, con una gran ayuda por parte del estado sueco, aprendieron el idioma y consiguieron empleo. Ella trabajó en artes gráficas y él, como operario en una fábrica. Tuvieron dos hijos y ganaban lo suficiente para disfrutar de sus vacaciones en el sur de Europa.

La dictadura terminó en 1986 y, así, regresaron a Montevideo, donde se separaron durante un periodo de 25 años. Alicia trabajó en el área gráfica de un diario, fue secretaria, vendedora y compró un taxi. Ariel fue trabajador metalúrgico y sindicalista, hasta que en 2010 el estado le otorgó una pensión vitalicia por su condición de antiguo preso político. Ese mismo año, con sus hijos ya adultos, Alicia y Ariel volvieron a formar pareja. Poco antes de despedirme de ellos, Alicia me cuenta cómo le indigna que haya gente que se baña en champaña en Punta del Este, una playa de lujo de Uruguay, mientras hay quienes no tienen un trozo de pan que comer.

C37
E5
C17

Josias 'Jonas' Gonçalves

(N. 1946, MARANHÃO, BRASIL)

Me reúno con Josias después de haber recorrido las principales localidades del río Araguaia, en el norte de Brasil. Mi idea era encontrar a alguien que hubiese sido guerrillero y mi guía, que tiene familiares que fueron torturados durante la dictadura, me habló de él. Josias nació en algún lugar entre Maranhão y Tocantins y fue educado por una de sus hermanas. A partir de los 11 años se dedicó trabajos típicos de la Amazonia, como la recolección de nuez de Brasil y la extracción de metales preciosos (*garimpo* en portugués). Llegó a tener un «casino». A comienzos de los setenta se instaló en Araguaia. Lo encuentro en casa de una prima suya, en Xambioá, tras dos días de búsqueda. Me cuenta que estaba recogiendo nueces de Brasil cuando los *paulistas* dieron con él. Oriundos del Sur, eran la guerrilla rural más importante que se enfrentaba a la dictadura brasileña, y querían invitar a Josias a unirse a ellos. Su líder Osvaldão le habló del Partido Comunista do Brasil (PCdoB, pro maoísta) y de reproducir la revolución cubana. Josias aceptó inmediatamente. Fue rebautizado con el nombre de Jonas porque había un compañero que tenía el mismo nombre.

Recuerda que Osvaldão dijo que era probable que muriesen los 16 guerrilleros de esa célula local, el destacamento B, pero que lo harían con la esperanza de que con ello brotara la semilla de la lucha. Recibió instrucciones de no disparar contra nadie que no fuese militar, como los guías de las fuerzas armadas, a menudo campesinos reclutados por obligación.

Le proporcionaron dos revólveres y un fusil. Al cabo de tres meses fue emboscado con dos compañeros. Uno de ellos, Ari, cayó en combate. Escondido detrás de un árbol, Josias vio cómo los *mateiros*[1] le cortaban la cabeza y la introducían en una bolsa, dejando el resto del cuerpo abandonado. No consiguió encontrar el camino de vuelta y pasó casi seis meses viviendo en la selva amazónica. Me cuenta todo esto mientras caminamos por lo que queda de la selva, yo empapado en sudor a más de 30 °C, a las nueve de la mañana; él, pequeño, enjuto, tan fresco como si estuviese en un jardín.

Tras ponerle a su cabeza un precio de cinco mil *cruzeiros* (cantidad suficiente para comprar un terreno y una casa), los militares detuvieron a su padre y, entre otras torturas, le arrancaron las uñas para que entregara a su hijo.

Josias era analfabeto, pero con ayuda de una tía consiguió escribir un mensaje en el que proponía cambiarse por su padre, y así se hizo. Al principio sufrió numerosas torturas; los militares querían saber dónde estaban los guerrilleros y a cuántos militares había matado. Cuando entendieron que no tenía esa información, lo pusieron a trabajar en la cocina. En total pasó seis meses preso.

Voy con él a la base militar en la que le estuvo retenido. En la antigua pista de aterrizaje, donde ahora pastan las vacas, Josias me cuenta que el único guerrillero al que vio llegar fue Osvaldão, ya muerto, colgado de un helicóptero para que lo viera la población. Los militares ordenaron a Josias que lo enterrase y él abrió una zanja donde empezaba la pista. Después de tantos años, Josias contempla el paisaje como si aún fuese posible mostrarme dónde sepultó a Osvaldão. Su cuerpo no ha sido encontrado por los equipos que ahora investigan la dictadura. Su padre murió marcado por la tortura, me cuenta, y su enorme sonrisa desaparece. Cuando fue liberado, Josias se afincó cerca de Marabá, en el sudeste de Pará. Se casó y su mujer tardó 20 años en saber que había sido guerrillero.

Sigue siendo un hombre misterioso, semiclandestino. A causa de las dificultades económicas y su libertad de espíritu, vive en casa de familiares y amigos, y raramente se queda más de dos o tres días. Dice que si hubiese sabido el peso que la guerrilla iba a tener en su vida, quizá pediría permiso para volver a la vida de campesino. Cuando nos despedimos confiesa, sin perder la sonrisa, que sigue teniendo miedo porque hay personas que todavía lo buscan.

1 Campesinos que, muchas veces por la fuerza y bajo amenazas, guiaban a los militares por la selva para encontrar a los guerrilleros (n. de la t.).

Josias 'Jonas' Gonçalves

(N. 1946, MARANHÃO, BRASIL)

Me reúno con Josias después de haber recorrido las principales localidades del río Araguaia, en el norte de Brasil. Mi idea era encontrar a alguien que hubiese sido guerrillero y mi guía, que tiene familiares que fueron torturados durante la dictadura, me habló de él. Josias nació en algún lugar entre Maranhão y Tocantins y fue educado por una de sus hermanas. A partir de los 11 años se dedicó a trabajos típicos de la Amazonia, como la recolección de nuez de Brasil y la extracción de metales preciosos (*garimpo* en portugués). Llegó a tener un «casino». A comienzos de los setenta se instaló en Araguaia. Lo encuentro en casa de una prima suya, en Xambioá, tras dos días de búsqueda. Me cuenta que estaba recogiendo nueces de Brasil cuando los *paulistas* dieron con él. Oriundos del Sur, eran la guerrilla rural más importante que se enfrentaba a la dictadura brasileña, y querían invitar a Josias a unirse a ellos. Su líder Osvaldão le habló del Partido Comunista do Brasil (PCdoB, pro maoísta) y de reproducir la revolución cubana. Josias aceptó inmediatamente. Fue rebautizado con el nombre de Jonas porque había un compañero que tenía el mismo nombre.

Recuerda que Osvaldão dijo que era probable que muriesen los 16 guerrilleros de esa célula local, el destacamento B, pero que lo harían con la esperanza de que con ello brotara la semilla de la lucha. Recibió instrucciones de no disparar contra nadie que no fuese militar, como los guías de las fuerzas armadas, a menudo campesinos reclutados por obligación.

Le proporcionaron dos revólveres y un fusil. Al cabo de tres meses fue emboscado con dos compañeros. Uno de ellos, Ari, cayó en combate. Escondido detrás de un árbol, Josias vio cómo los *mateiros*[1] le cortaban la cabeza y la introducían en una bolsa, dejando el resto del cuerpo abandonado. No consiguió encontrar el camino de vuelta y pasó casi seis meses viviendo en la selva amazónica. Me cuenta todo esto mientras caminamos por lo que queda de la selva, yo empapado en sudor a más de 30 °C, a las nueve de la mañana; él, pequeño, enjuto, tan fresco como si estuviese en un jardín.

Tras ponerle a su cabeza un precio de cinco mil *cruzeiros* (cantidad suficiente para comprar un terreno y una casa), los militares detuvieron a su padre y, entre otras torturas, le arrancaron las uñas para que entregara a su hijo.

Josias era analfabeto, pero con ayuda de una tía consiguió escribir un mensaje en el que proponía cambiarse por su padre, y así se hizo. Al principio sufrió numerosas torturas; los militares querían saber dónde estaban los guerrilleros y a cuántos militares había matado. Cuando entendieron que no tenía esa información, lo pusieron a trabajar en la cocina. En total pasó seis meses preso.

Voy con él a la base militar en la que le estuvo retenido. En la antigua pista de aterrizaje, donde ahora pastan las vacas, Josias me cuenta que el único guerrillero al que vio llegar fue Osvaldão, ya muerto, colgado de un helicóptero para que lo viera la población. Los militares ordenaron a Josias que lo enterrase y él abrió una zanja donde empezaba la pista. Después de tantos años, Josias contempla el paisaje como si aún fuese posible mostrarme dónde sepultó a Osvaldão. Su cuerpo no ha sido encontrado por los equipos que ahora investigan la dictadura. Su padre murió marcado por la tortura, me cuenta, y su enorme sonrisa desaparece. Cuando fue liberado, Josias se afincó cerca de Marabá, en el sudeste de Pará. Se casó y su mujer tardó 20 años en saber que había sido guerrillero.

Sigue siendo un hombre misterioso, semiclandestino. A causa de las dificultades económicas y su libertad de espíritu, vive en casa de familiares y amigos, y raramente se queda más de dos o tres días. Dice que si hubiese sabido el peso que la guerrilla iba a tener en su vida, quizá pediría permiso para volver a la vida de campesino. Cuando nos despedimos confiesa, sin perder la sonrisa, que sigue teniendo miedo porque hay personas que todavía lo buscan.

1 Campesinos que, muchas veces por la fuerza y bajo amenazas, guiaban a los militares por la selva para encontrar a los guerrilleros (n. de la t.).

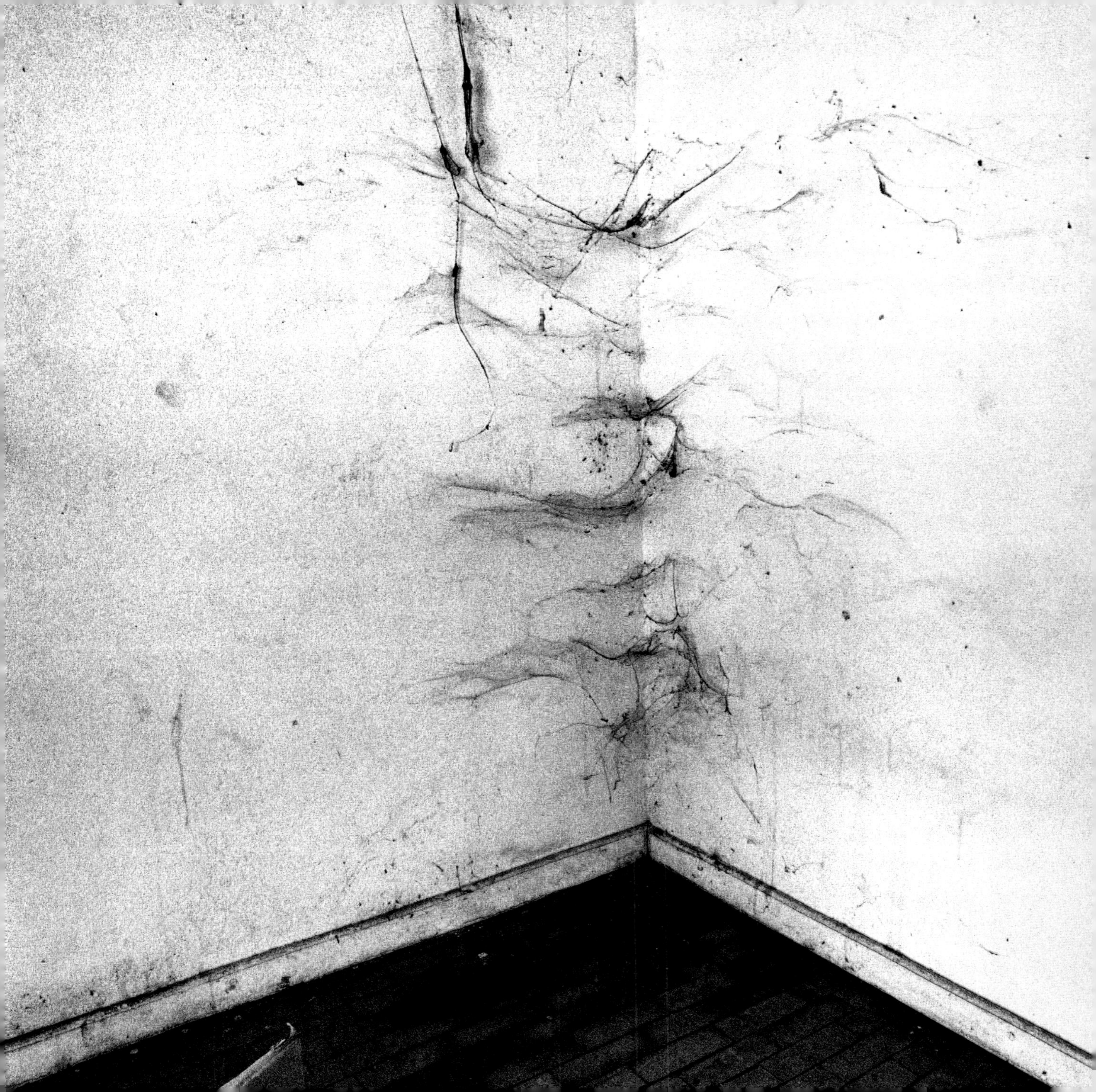

Mirta Clara

(N. 1948, MAR DEL PLATA, ARGENTINA)

Mi historia en Argentina está muy vinculada a la de Mirta. Fue una de las primeras personas que conocí y con las que empecé a hablar de la dictadura, hasta que le pedí que me contase su historia para este libro.

Hija de intelectuales de tendencia socialista, en 1966 se trasladó a La Plata, a 60 kilómetros de Buenos Aires, para estudiar Psicología. El primer día de clases un soldado le impidió la entrada a la universidad porque el gobierno del general Onganía la había cerrado. Este episodio le abrió los ojos a la situación política de Argentina.

En la universidad conoció a Néstor «el Flaco» Salas, al que se unió en la vida y en el movimiento peronista. Se hizo militante de los Montoneros, brazo armado del peronismo, del cual el Flaco era comandante. El principio de la década de los setenta está repleto de momentos que definen la política de la Argentina actual, y entre ellos destaca el regreso del general exiliado Juan Domingo Perón, cuyo régimen militar fue depuesto en 1955.

En octubre de 1973, los Montoneros se fusionaron con las Fuerzas Armadas Revolucionarias (FAR), otro grupo guerrillero, después de que Perón pidiese la unión del movimiento peronista.

En 1974, la Triple A (Alianza Anticomunista Argentina), que había empezado a asesinar a militantes políticos de izquierda, empezó a seguir los pasos de Mirta y Néstor, razón por la que en julio de 1975 decidieron trasladarse a Resistencia, más de mil kilómetros al norte de Buenos Aires, en la provincia del Chaco, un cambio notable en cuanto a entorno cultural y estético. En octubre fueron detenidos por un grupo de policías, militares y fiscales judiciales. Ella estaba embarazada de seis semanas. Mariana, su hija de 13 meses, fue entregada a la familia de Mirta en la capital porteña.

Fueron acusados de participar en el atentado contra un regimiento militar en la ciudad de Formosa. Interrogaron y torturaron a Mirta durante varios días a lo largo de un mes, mediante descargas eléctricas en una cama de metal, y con la privación de agua. Recuerda haber bebido su propia orina para calmar la sed. En mayo de 1976 dio a luz, esposada, a su hijo Juan Andrés, que también fue entregado a su familia.

En la madrugada del 12 al 13 de diciembre de 1976 se produjo la masacre de Margarita Belén, en la provincia del Chaco, en la que tuvo lugar el fusilamiento de 22 presos políticos, entre ellos Néstor. La versión oficial de la dictadura es que los presos se rebelaron contra sus guardas e intentaron escapar. Los cuerpos se entregaron a las familias. Eran los comienzos de la dictadura y la desaparición forzada de personas no estaba del todo instituida.

Mirta pasó siete años como presa política en las cárceles de Devoto y Ezeiza, en los alrededores de Buenos Aires. Mientras conversamos, me muestra la correspondencia que intercambiaba con su madre, en la que le habla de su convivencia cotidiana con las otras presas. En noviembre de 1983 es puesta en libertad, un mes antes de la toma de posesión de Raúl Alfonsín, a la cual asiste. Alfonsín fue el primer presidente elegido democráticamente tras la dictadura militar,

Hoy vive en Buenos Aires, donde seguimos viéndonos para discutir la situación política. Continúa defendiendo con convicción que el peronismo es la solución, y lucha por los derechos humanos, no solo con las víctimas de la última dictadura militar argentina, sino también como psicóloga, ya que se hace cargo de casos sociales muy graves y ayuda a muchas personas a continuar con sus vidas.

Mirta Clara

(N. 1948, MAR DEL PLATA, ARGENTINA)

Mi historia en Argentina está muy vinculada a la de Mirta. Fue una de las primeras personas que conocí y con las que empecé a hablar de la dictadura, hasta que le pedí que me contase su historia para este libro.

Hija de intelectuales de tendencia socialista, en 1966 se trasladó a La Plata, a 60 kilómetros de Buenos Aires, para estudiar Psicología. El primer día de clases un soldado le impidió la entrada a la universidad porque el gobierno del general Onganía la había cerrado. Este episodio le abrió los ojos a la situación política de Argentina.

En la universidad conoció a Néstor «el Flaco» Salas, al que se unió en la vida y en el movimiento peronista. Se hizo militante de los Montoneros, brazo armado del peronismo, del cual el Flaco era comandante. El principio de la década de los setenta está repleto de momentos que definen la política de la Argentina actual, y entre ellos destaca el regreso del general exiliado Juan Domingo Perón, cuyo régimen militar fue depuesto en 1955.

En octubre de 1973, los Montoneros se fusionaron con las Fuerzas Armadas Revolucionarias (FAR), otro grupo guerrillero, después de que Perón pidiese la unión del movimiento peronista.

En 1974, la Triple A (Alianza Anticomunista Argentina), que había empezado a asesinar a militantes políticos de izquierda, empezó a seguir los pasos de Mirta y Néstor, razón por la que en julio de 1975 decidieron trasladarse a Resistencia, más de mil kilómetros al norte de Buenos Aires, en la provincia del Chaco, un cambio notable en cuanto a entorno cultural y estético. En octubre fueron detenidos por un grupo de policías, militares y fiscales judiciales. Ella estaba embarazada de seis semanas. Mariana, su hija de 13 meses, fue entregada a la familia de Mirta en la capital porteña.

Fueron acusados de participar en el atentado contra un regimiento militar en la ciudad de Formosa. Interrogaron y torturaron a Mirta durante varios días a lo largo de un mes, mediante descargas eléctricas en una cama de metal, y con la privación de agua. Recuerda haber bebido su propia orina para calmar la sed. En mayo de 1976 dio a luz, esposada, a su hijo Juan Andrés, que también fue entregado a su familia.

En la madrugada del 12 al 13 de diciembre de 1976 se produjo la masacre de Margarita Belén, en la provincia del Chaco, en la que tuvo lugar el fusilamiento de 22 presos políticos, entre ellos Néstor. La versión oficial de la dictadura es que los presos se rebelaron contra sus guardas e intentaron escapar. Los cuerpos se entregaron a las familias. Eran los comienzos de la dictadura y la desaparición forzada de personas no estaba del todo instituida.

Mirta pasó siete años como presa política en las cárceles de Devoto y Ezeiza, en los alrededores de Buenos Aires. Mientras conversamos, me muestra la correspondencia que intercambiaba con su madre, en la que le habla de su convivencia cotidiana con las otras presas. En noviembre de 1983 es puesta en libertad, un mes antes de la toma de posesión de Raúl Alfonsín, a la cual asiste. Alfonsín fue el primer presidente elegido democráticamente tras la dictadura militar.

Hoy vive en Buenos Aires, donde seguimos viéndonos para discutir la situación política. Continúa defendiendo con convicción que el peronismo es la solución, y lucha por los derechos humanos, no solo con las víctimas de la última dictadura militar argentina, sino también como psicóloga, ya que se hace cargo de casos sociales muy graves y ayuda a muchas personas a continuar con sus vidas.

Anahit Aharonian

(N. 1949, MONTEVIDEO, URUGUAY)

Oí hablar de Anahit en Buenos Aires cuando preparaba un viaje a Montevideo. Es la menor de tres hermanos, hija de supervivientes del genocidio armenio que se establecieron en Uruguay, en aquel entonces el país más progresista de Latinoamérica, en la década de los veinte. El padre era dirigente de la Liga Revolucionaria Armenia y educó a sus hijos para que fueran capaces de cuestionarse la realidad. En casa se hablaba tanto armenio como español, no había televisión y las veladas se sucedían en torno a la radio, a través de la que recibían las noticias de la revolución cubana, la guerra de Vietnam o Argelia, entre otras.

Sentada en el salón de su pequeño apartamento en Montevideo, Anahit habla sin parar, de forma catártica. Me cuenta que antes de cumplir 20 años fue captada por el Movimiento de Liberación Nacional-Tupamaros (MLN), grupo de izquierda guevarista con un complejo sistema de guerrilla. Era la época *robinhoodesca* del movimiento, previa a la dictadura: asaltos a camiones de comida y leche para los necesitados, atracos a bancos y secuestros de empresarios para financiar las operaciones.

En los años setenta, la lucha se tornó más violenta. Los tupamaros secuestraron y ejecutaron a Dan Mitrione, agente del FBI que instruía en técnicas de tortura a la policía uruguaya. Anahit estudiaba agronomía y formaba parte del comité de apoyo al pueblo palestino, con el cual viajó a Libia y al Líbano a mediados de 1973. El golpe se produjo dos días después de su regreso. La detuvieron a raíz de una denuncia de una compañera del partido; dormía con su pareja cuando, durante la medianoche del 11 de septiembre (la misma fecha del golpe de Pinochet en Chile), los militares irrumpieron en su casa liderados por un amigo de la infancia de Anahit, quien acabaría por revelarse como uno de los principales torturadores del régimen, Antranig Ohannessian. Hoy cumple sentencia en Uruguay por crímenes de lesa humanidad.

Anahit me describe sin dramatismo los nueve meses que pasó en cuarteles: interrogatorios con descargas eléctricas, simulaciones de fusilamiento y ahogamiento, abusos sexuales (sin violación). Fue condenada a 16 años, de los cuales cumplió 11 años y 6 meses, una buena parte de ellos en la colonia penal de Punta de Rieles, en los alrededores de Montevideo, que llegó a albergar a 700 presas políticas.

Acordamos ir allí. Tras algunas llamadas telefónicas, la autorización llega sin problemas, pero al entrar Anahit se pone claramente nerviosa. En sus recuerdos están la disciplina militar, las formaciones, el izar y recoger la bandera en pleno invierno y sin ropa de abrigo, las tareas agrícolas en pleno verano sin poder beber agua, los uniformes grises con bolsillos de diferentes colores, los cuales indicaban el sector y la peligrosidad de las presas (rojo en su caso, el más peligroso, que le iba bien, recuerda alegre). La censura era feroz. No se les permitía leer a escritores rusos o libros de cualquier autor llamado Ernesto (a causa del Che), ni siquiera estudiar pintura cubista.

Tras ser puesta en libertad, continuó con su vida política, pero se alejó del MLN. Dice que sigue siendo tupamara, pero considera que tras el fin de la dictadura en 1985 el partido funcionaba con una lógica que no permitía la disensión. Se licenció como ingeniera agrónoma a los 43 años, trabaja en el ámbito de la salud alimentaria y está comprometida con varias causas medioambientales, ya sea contra las fábricas de celulosa en Uruguay, las explotaciones mineras en Argentina u otras luchas que contribuyan a un cambio en el sistema, a un mundo sin personas explotadas.

Todavía recibe llamadas anónimas que le dicen que alguien sigue sus pasos. Mientras caminamos por la avenida que sale de su antigua prisión, me explica por qué se niega a hablar de las acciones en las que participó como miembro del MLN: *Lo que no se supo en aquel entonces, no voy a contarlo yo ahora.*

Anahit Aharonian

(N. 1949, MONTEVIDEO, URUGUAY)

Oí hablar de Anahit en Buenos Aires cuando preparaba un viaje a Montevideo. Es la menor de tres hermanos, hija de supervivientes del genocidio armenio que se establecieron en Uruguay, en aquel entonces el país más progresista de Latinoamérica, en la década de los veinte. El padre era dirigente de la Liga Revolucionaria Armenia y educó a sus hijos para que fueran capaces de cuestionarse la realidad. En casa se hablaba tanto armenio como español, no había televisión y las veladas se sucedían en torno a la radio, a través de la que recibían las noticias de la revolución cubana, la guerra de Vietnam o Argelia, entre otras.

Sentada en el salón de su pequeño apartamento en Montevideo, Anahit habla sin parar, de forma catártica. Me cuenta que antes de cumplir 20 años fue captada por el Movimiento de Liberación Nacional-Tupamaros (MLN), grupo de izquierda guevarista con un complejo sistema de guerrilla. Era la época *robinhoodesca* del movimiento, previa a la dictadura: asaltos a camiones de comida y leche para los necesitados, atracos a bancos y secuestros de empresarios para financiar las operaciones.

En los años setenta, la lucha se tornó más violenta. Los tupamaros secuestraron y ejecutaron a Dan Mitrione, agente del FBI que instruía en técnicas de tortura a la policía uruguaya. Anahit estudiaba agronomía y formaba parte del comité de apoyo al pueblo palestino, con el cual viajó a Libia y al Líbano a mediados de 1973. El golpe se produjo dos días después de su regreso. La detuvieron a raíz de una denuncia de una compañera del partido; dormía con su pareja cuando, durante la medianoche del 11 de septiembre (la misma fecha del golpe de Pinochet en Chile), los militares irrumpieron en su casa liderados por un amigo de la infancia de Anahit, quien acabaría por revelarse como uno de los principales torturadores del régimen, Antranig Ohannessian. Hoy cumple sentencia en Uruguay por crímenes de lesa humanidad.

Anahit me describe sin dramatismo los nueve meses que pasó en cuarteles: interrogatorios con descargas eléctricas, simulaciones de fusilamiento y ahogamiento, abusos sexuales (sin violación). Fue condenada a 16 años, de los cuales cumplió 11 años y 6 meses, una buena parte de ellos en la colonia penal de Punta de Rieles, en los alrededores de Montevideo, que llegó a albergar a 700 presas políticas.

Acordamos ir allí. Tras algunas llamadas telefónicas, la autorización llega sin problemas, pero al entrar Anahit se pone claramente nerviosa. En sus recuerdos están la disciplina militar, las formaciones, el izar y recoger la bandera en pleno invierno y sin ropa de abrigo, las tareas agrícolas en pleno verano sin poder beber agua, los uniformes grises con bolsillos de diferentes colores, los cuales indicaban el sector y la peligrosidad de las presas (rojo en su caso, el más peligroso, que le iba bien, recuerda alegre). La censura era feroz. No se les permitía leer a escritores rusos o libros de cualquier autor llamado Ernesto (a causa del Che), ni siquiera estudiar pintura cubista.

Tras ser puesta en libertad, continuó con su vida política, pero se alejó del MLN. Dice que sigue siendo tupamara, pero considera que tras el fin de la dictadura en 1985 el partido funcionaba con una lógica que no permitía la disensión. Se licenció como ingeniera agrónoma a los 43 años, trabaja en el ámbito de la salud alimentaria y está comprometida con varias causas medioambientales, ya sea contra las fábricas de celulosa en Uruguay, las explotaciones mineras en Argentina u otras luchas que contribuyan a un cambio en el sistema, a un mundo sin personas explotadas.

Todavía recibe llamadas anónimas que le dicen que alguien sigue sus pasos. Mientras caminamos por la avenida que sale de su antigua prisión, me explica por qué se niega a hablar de las acciones en las que participó como miembro del MLN: *Lo que no se supo en aquel entonces, no voy a contarlo yo ahora.*

Maria Ofélia Santucho

(N. 1960, SANTIAGO DEL ESTERO, ARGENTINA)

María carga con el apellido más marcado por la última dictadura argentina. Once miembros de la familia Santucho murieron a manos de los militares y algunos todavía se hallan desaparecidos, como el padre de María, Óscar, y su tío, Mario Roberto, líder mítico de la guerrilla marxista Ejército Revolucionario del Pueblo.

Oí hablar de María en Buenos Aires. Me contaron que vivía en Cuba. Esperé a que un viaje me llevase allí y quedé con ella en el Centro Pablo en La Habana Vieja, el espacio que dirige para promover la trova cubana. Su madre, Ofelia Paz, de 82 años, vive también en La Habana.

María nació en Santiago del Estero, en el norte de Argentina. Tiene rasgos indígenas y un rostro tan joven que resulta imposible adivinar todo aquello por lo que ha pasado. De su infancia recuerda la música norteña, la pobreza en Santiago, el ritmo lento de los veranos brutalmente tórridos que obligaban a aquella niña inquieta a hacer la siesta.

Pasó por una escuela de entrenamiento militar y a los 15 años vivía ya en la clandestinidad con su madre, hermanas y primos. Los detuvieron a todos cuando los militares irrumpieron en su casa. La llevaron a Campo de Mayo, que es todavía una enorme base militar a las puertas de Buenos Aires, donde sufrió insultos, agresiones y donde un militar la tocó entre las piernas. Después de seis días los soltaron.

María y otros siete miembros de su familia se refugiaron en la embajada de Cuba donde se les otorgó asilo político. Vivieron allí durante un año, hasta que los cubanos consiguieron para ellos un salvoconducto. Partieron de Argentina el 27 de diciembre de 1976. María me cuenta que la llegada a Cuba fue difícil: *Acababa de pasar por experiencias muy duras que me obligaron a crecer muy rápido, por eso me costaba mucho relacionarme con jóvenes de mi edad*. Acabó por estudiar Historia del Arte en La Habana.

Volvió a Argentina en 1986 y el reencuentro fue terrible. Halló un país destruido, lleno de miedo, muy lejos del sueño que ella tenía: que el exilio sería breve y que volvería a la lucha. Juró no regresar nunca más a Argentina, y en Cuba trató de construir un presente sin resentimientos.

Se casó con el poeta Víctor Casaus, con quien tuvo dos hijas. Ellas le han dado dos nietos. Comenzó una nueva vida, con la cultura como eje central. Vivió en Alamar, en el edificio que su tío construyó durante su exilio. Desde 1995 ha vuelto a Argentina varias veces para vincularse de nuevo con sus raíces; lleva a ese país a grupos de trovadores cubanos para darles difusión en la tierra de Gardel.

Cuando nos disponemos a terminar la conversación que dura ya horas, María me invita a acompañarla a ver a Víctor recitar poemas con Silvio Rodríguez, gran músico y poeta cubano. El recital tiene lugar en el Centro Nacional de Educación Sexual, órgano dirigido por Mariela Castro (hija de Raúl y sobrina de Fidel), donde los homosexuales y los transexuales han encontrado un espacio propio frente a la brutalidad latino-comunista. En un país lleno de contradicciones, María y Víctor han conseguido crear un cierto clima de libertad para músicos y artistas, que viven en un régimen de excepción gracias a la protección que les brinda el Ministerio de Cultura, protección que, por otra parte, está vedada al resto de ciudadanos.

Quedan en mi memoria estas palabras de María: *Cada vez más siento la necesidad de recuperar el cuerpo de mi padre, no por razones religiosas, sino porque muchas veces me quise sentar al lado de su tumba y contarle cómo fueron nuestras vidas durante todos estos años. Quise llevar allí a mis hijas, y ahora a mis nietos, para decirles: «Aquí está el abuelo Chicho, un hombre imperfecto como todos los demás»*.

María Ofélia Santucho

(N. 1960, SANTIAGO DEL ESTERO, ARGENTINA)

María carga con el apellido más marcado por la última dictadura argentina. Once miembros de la familia Santucho murieron a manos de los militares y algunos todavía se hallan desaparecidos, como el padre de María, Óscar, y su tío, Mario Roberto, líder mítico de la guerrilla marxista Ejército Revolucionario del Pueblo.

Oí hablar de María en Buenos Aires. Me contaron que vivía en Cuba. Esperé a que un viaje me llevase allí y quedé con ella en el Centro Pablo en La Habana Vieja, el espacio que dirige para promover la trova cubana. Su madre, Ofelia Paz, de 82 años, vive también en La Habana.

María nació en Santiago del Estero, en el norte de Argentina. Tiene rasgos indígenas y un rostro tan joven que resulta imposible adivinar todo aquello por lo que ha pasado. De su infancia recuerda la música norteña, la pobreza en Santiago, el ritmo lento de los veranos brutalmente tórridos que obligaban a aquella niña inquieta a hacer la siesta.

Pasó por una escuela de entrenamiento militar y a los 15 años vivía ya en la clandestinidad con su madre, hermanas y primos. Los detuvieron a todos cuando los militares irrumpieron en su casa. La llevaron a Campo de Mayo, que es todavía una enorme base militar a las puertas de Buenos Aires, donde sufrió insultos, agresiones y donde un militar la tocó entre las piernas. Después de seis días los soltaron.

María y otros siete miembros de su familia se refugiaron en la embajada de Cuba donde se les otorgó asilo político. Vivieron allí durante un año, hasta que los cubanos consiguieron para ellos un salvoconducto. Partieron de Argentina el 27 de diciembre de 1976. María me cuenta que la llegada a Cuba fue difícil: *Acabado de pasar por experiencias muy duras que me obligaron a crecer muy rápido, por eso me costaba mucho relacionarme con jóvenes de mi edad.* Acabó por estudiar Historia del Arte en La Habana.

Volvió a Argentina en 1986 y el reencuentro fue terrible. Halló un país destruido, lleno de miedo, muy lejos del sueño que ella tenía: que el exilio sería breve y que volvería a la lucha. Juró no regresar nunca más a Argentina, y en Cuba trató de construir un presente sin resentimientos.

Se casó con el poeta Víctor Casaus, con quien tuvo dos hijas. Ellas le han dado dos nietos. Comenzó una nueva vida, con la cultura como eje central. Vivió en Alamar, en el edificio que su tío construyó durante su exilio. Desde 1995 ha vuelto a Argentina varias veces para vincularse de nuevo con sus raíces; lleva a ese país a grupos de trovadores cubanos para darles difusión en la tierra de Gardel.

Cuando nos disponemos a terminar la conversación que dura ya horas, María me invita a acompañarla a ver a Víctor recitar poemas con Silvio Rodríguez, gran músico y poeta cubano. El recital tiene lugar en el Centro Nacional de Educación Sexual, órgano dirigido por Mariela Castro (hija de Raúl y sobrina de Fidel), donde los homosexuales y los transexuales han encontrado un espacio propio frente a la brutalidad latino-comunista. En un país lleno de contradicciones, María y Víctor han conseguido crear un cierto clima de libertad para músicos y artistas, que viven en un régimen de excepción gracias a la protección que les brinda el Ministerio de Cultura, protección que, por otra parte, está vedada al resto de ciudadanos.

Quedan en mi memoria estas palabras de María: *Cada vez más siento la necesidad de recuperar el cuerpo de mi padre, no por razones religiosas, sino porque muchas veces me quise sentar al lado de su tumba y contarle cómo fueron nuestras vidas durante todos estos años. Quise llevar allí a mis hijas, y ahora a mis nietos, para decirles: «Aquí está el abuelo Chicho, un hombre imperfecto como todos los demás».*

Leonardo Benito Peña

(N. 1975, BUENOS AIRES, ARGENTINA)

En 2005, en vísperas de las elecciones presidenciales de Evo Morales, visité la sede de la Asociación de Familiares de Detenidos Desaparecidos de Bolivia en La Paz, donde me presentaron a Leonardo Benito Peña.

Hijo de Cosme, un boliviano que fue a estudiar Medicina en Argentina, e Irene, una enfermera de Buenos Aires, ambos miembros del Partido Socialista de los Trabajadores, Leonardo nació en un clima de militancia. Su padre organizó una clínica en tres casas clandestinas para tratar a los heridos en los enfrentamientos con paramilitares.

El 16 de septiembre de 1976, mientras la familia preparaba la salida de Buenos Aires, un grupo de las fuerzas armadas irrumpió en su domicilio. Además de Leonardo, que contaba con tan solo 20 meses, Cosme e Irene, nuevamente embarazada, de 3 meses, había otra militante, Norma, a la que no buscaban, que afirmó que Leonardo era su hijo, por lo que se quedó con él y lo devolvió a sus abuelos. (El grupo Abuelas de la Plaza de Mayo, que buscan a sus nietos nacidos en prisión, no saben hasta hoy si el bebé de Irene llegó a nacer o qué sucedió con él.)

El abuelo, que estaba en Argentina, fue a buscar a su hijo y a su nuera a Automotores Orletti, el centro clandestino donde permanecían los extranjeros detenidos por el Plan Cóndor. Presentó incluso un *habeas corpus*, pero Cosme e Irene siguen desaparecidos hasta la fecha.

A causa del peligro que suponía para Leonardo ser hijo de padres desaparecidos, su tía paterna lo llevó a Bolivia y le hizo cruzar la frontera con documentos falsos de su propio hijo. En La Paz, Leonardo creció con sus tíos y durante las vacaciones iba a la casa de los abuelos en Oruro. Siempre le contaron que sus padres estaban desaparecidos y él mantuvo la esperanza de volver a verlos.

Hasta que, con 9 años cumplidos, cuando terminó la dictadura en Argentina, su tía viajó a Buenos Aires para reunirse con familiares de desaparecidos. Al volver le contó que seguía sin haber noticias de sus padres. Después de tantos años, Leonardo no consigue contener el llanto cuando relata que fue en aquel momento cuando sus esperanzas se desvanecieron y realmente comprendió que sus padres no volverían. Asegura que solo si algún día se identificasen sus restos podría cerrar ese capítulo de su vida.

Leonardo se ha dedicado a luchar por los derechos humanos, y a los 16 era ya dirigente de la asociación de familias de detenidos desaparecidos en Bolivia. En 1998 viajó a Buenos Aires con Loyola Guzmán, antigua guerrillera y «ministra de economía» de Ernesto «Che» Guevara, en busca de noticias de sus medio hermanos, dos hijos que su madre había tenido de una pareja anterior. Al cabo de algunas semanas, encontró a su hermano Héctor, después al tío Pancho y a su hermana, Irene Alejandra.

Volví a ver a Leonardo siete años después de nuestro primer encuentro, en noviembre de 2012, otra vez en La Paz. Se había divorciado, pero mantenía una relación entrañable con sus tres hijos. Había empezado a trabajar en el gobierno de Evo Morales ayudando al ministro del Interior en la resolución de conflictos sociales. A causa de su militancia política, sufrió un atentado en 2010. Le golpearon en la cabeza con una barra de hierro en una calle de La Paz. Permaneció varios días en coma, atendido por médicos cubanos de una misión internacionalista en Bolivia. Tardó un año y medio en recuperarse, y hoy sufre algunas pérdidas de memoria.

Pese a todo ello, sigue siendo un hombre dulce, que no vive la vida con rencor. Me dice que quiere una ley de reparaciones integral que reconozca los delitos perpetrados por los estados, que establezca una identificación, juicio y condena para los responsables de crímenes de lesa humanidad, y una indemnización para las víctimas.

Leonardo Benito Peña

(N. 1975, BUENOS AIRES, ARGENTINA)

En 2005, en vísperas de las elecciones presidenciales de Evo Morales, visité la sede de la Asociación de Familiares de Detenidos Desaparecidos de Bolivia en La Paz, donde me presentaron a Leonardo Benito Peña.

Hijo de Cosme, un boliviano que fue a estudiar Medicina en Argentina, e Irene, una enfermera de Buenos Aires, ambos miembros del Partido Socialista de los Trabajadores, Leonardo nació en un clima de militancia. Su padre organizó una clínica en tres casas clandestinas para tratar a los heridos en los enfrentamientos con paramilitares.

El 16 de septiembre de 1976, mientras la familia preparaba la salida de Buenos Aires, un grupo de las fuerzas armadas irrumpió en su domicilio. Además de Leonardo, que contaba con tan solo 20 meses, Cosme e Irene, nuevamente embarazada, de 3 meses, había otra militante, Norma, a la que no buscaban, que afirmó que Leonardo era su hijo, por lo que se quedó con él y lo devolvió a sus abuelos. (El grupo Abuelas de la Plaza de Mayo, que buscan a sus nietos nacidos en prisión, no saben hasta hoy si el bebé de Irene llegó a nacer o qué sucedió con él.)

El abuelo, que estaba en Argentina, fue a buscar a su hijo y a su nuera a Automotores Orletti, el centro clandestino donde permanecían los extranjeros detenidos por el Plan Cóndor. Presentó incluso un *habeas corpus*, pero Cosme e Irene siguen desaparecidos hasta la fecha.

A causa del peligro que suponía para Leonardo ser hijo de padres desaparecidos, su tía paterna lo llevó a Bolivia y le hizo cruzar la frontera con documentos falsos de su propio hijo. En La Paz, Leonardo creció con sus tíos y durante las vacaciones iba a la casa de los abuelos en Oruro. Siempre le contaron que sus padres estaban desaparecidos y él mantuvo la esperanza de volver a verlos.

Hasta que, con 9 años cumplidos, cuando terminó la dictadura en Argentina, su tía viajó a Buenos Aires para reunirse con familiares de desaparecidos. Al volver le contó que seguía sin haber noticias de sus padres. Después de tantos años, Leonardo no consigue contener el llanto cuando relata que fue en aquel momento cuando sus esperanzas se desvanecieron y realmente comprendió que sus padres no volverían. Asegura que solo si algún día se identificasen sus restos podría cerrar ese capítulo de su vida.

Leonardo se ha dedicado a luchar por los derechos humanos, y a los 16 era ya dirigente de la asociación de familias de detenidos desaparecidos en Bolivia. En 1998 viajó a Buenos Aires con Loyola Guzmán, antigua guerrillera y «ministra de economía» de Ernesto «Che» Guevara, en busca de noticias de sus medio hermanos, dos hijos que su madre había tenido de una pareja anterior. Al cabo de algunas semanas, encontró a su hermano Héctor, después al tío Pancho y a su hermana, Irene Alejandra.

Volví a ver a Leonardo siete años después de nuestro primer encuentro, en noviembre de 2012, otra vez en La Paz. Se había divorciado, pero mantenía una relación entrañable con sus tres hijos. Había empezado a trabajar en el gobierno de Evo Morales ayudando al ministro del Interior en la resolución de conflictos sociales. A causa de su militancia política, sufrió un atentado en 2010. Le golpearon en la cabeza con una barra de hierro en una calle de La Paz. Permaneció varios días en coma, atendido por médicos cubanos de una misión internacionalista en Bolivia. Tardó un año y medio en recuperarse, y hoy sufre algunas pérdidas de memoria.

Pese a todo ello, sigue siendo un hombre dulce, que no vive la vida con rencor. Me dice que quiere una ley de reparaciones integral que reconozca los delitos perpetrados por los estados, que establezca una identificación, juicio y condena para los responsables de crímenes de lesa humanidad, y una indemnización para las víctimas.

PRODUCCION OLVIDADOS
DIRECTOR CARLOS BOLADO
DIR. FOTOGRAFIA ERNESTO FERNANDEZ
ROLLO DE CAMARA A-B107
ROLLO DE SONIDO 35
ESCENA 91
PLANO 2
TOMA 3
FECHA 17-11-2012
DIA NOCHE
SYNC MOS

TRIBUNAL DEPARTAMENTAL DE JUSTICIA LA PAZ
ARRI
COMPACT 6000

Adalgiza Moraes da Silva

(N. 1933, BRASIL)

Doña Adalgiza me espera en la puerta de su casa, en São Domingos do Araguaia, Pará, en el norte de Brasil. Cuando le explico el asunto que me lleva hasta allí me invita a pasar con premura para resguardarnos de miradas.

En enero de 1972, embarazada de su duodécimo hijo, Adalgiza vivía en una amplia casa de paja en Chega com Jeito, un pequeño asentamiento en la selva. «Zé Carlos» (André Grabois, muerto y desaparecido hasta hoy) se presentó allí pidiendo mandioca. Tras varias conversaciones, Adalgiza comprendió que pertenecía al *povo da mata*, la guerrilla. Su amistad quedó sellada cuando Sônia (Lúcia Maria de Souza, guerrillera también desaparecida) fue a asistirla en el parto. A modo de agradecimiento, Adalgiza mandó preparar pollos, huevos y *cachaça* para el *povo da mata*, que iban de un lado a otro y no sembraban mandioca, alimento básico.

En marzo empezó la llamada *guerra pequena*. La guerrilla quemaba puentes para impedir la llegada de refuerzos militares; los aviones de las fuerzas armadas empezaron a bombardear las casas. *Povo da mata* lo escondió todo y vivió en la espesura de la selva, cada vez más dependiente de la ayuda de los campesinos. Adalgiza decidió implicarse, ya que le parecía gente sufrida. Compró municiones, que guardaba junto con la comida, la ropa y el calzado que ellos necesitaban.

Los guerrilleros iban a su casa los viernes. Allí comían, hablaban de política, escuchaban Radio Tirana, una emisora albanesa que emitía para Brasil, y leían en voz alta para los analfabetos. Adalgiza recuerda que tenían una «novela», que no era más que un libro, de inspiración comunista china, con el manifiesto de la guerrilla.

Uno de esos viernes, Adalgiza había separado dos capones para preparar en la cocina, pero no acudió nadie. El sábado, después de una denuncia, los militares entraron en su casa buscando a su marido Frederico, que estaba ausente. Adalgiza cuenta que, a punta de pistola, la obligaron a dejar a sus hijas con unos soldados mientras ella los acompañaba a casa de su hermano, donde había dormido Frederico. Al llegar, abatieron a los animales, robaron la comida y detuvieron a su marido. A continuación destruyeron sus plantaciones y quemaron la casa. Era la venganza por dar apoyo a la guerrilla.

A Frederico lo llevaron a la Casa Azul, cuartel general de los militares en la ciudad de Marabá. Lo golpearon, le aplicaron descargas eléctricas, lo pusieron en el *pau de arara*, y lo colgaron por los testículos. Quedó tan maltrecho que no fue capaz de reconocer a Raimunda, su hija mayor, cuando esta lo visitó en Bacaba, un campo de concentración de condiciones miserables. En una de sus visitas, los soldados se fijaron en ella, de 12 años, y en su hermana Creuza, de 10. Las secuestraron para esclavizarlas. Víctimas de abusos sexuales, sufren trastornos psicológicos hasta hoy.

Durante la tarde en la que visito a Adalgiza, decidimos ir a Chega com Jeito para ver el lugar donde sucedió todo aquello. Las carreteras siguen siendo las mismas que construyeron los militares, de tierra batida y arena, y el coche de alquiler se atasca a medio camino. Unos campesinos se acercan para ayudarnos. Cuando les decimos a dónde nos dirigimos, huyen del lugar sin decir palabra. El miedo en la región es omnipresente.

Después de ser puesto en libertad, Frederico empezó a sufrir alucinaciones y a comportarse violentamente con su familia. Fue preciso internarlo en un hospital psiquiátrico en Belém do Pará, donde pasó 20 meses. Regresó, pero jamás volvió a ser el mismo, nunca consiguió volver a trabajar. Hoy viven con muchas dificultades en São Domingos. Adalgiza ya ha sido indemnizada, pero Frederico sigue a la espera de que el estado brasileño lo indemnice como víctima de abusos por parte de los militares.

Adalgiza Moraes da Silva

(N. 1933, BRASIL)

Doña Adalgiza me espera en la puerta de su casa, en São Domingos do Araguaia, Pará, en el norte de Brasil. Cuando le explico el asunto que me lleva hasta allí me invita a pasar con premura para resguardarnos de miradas.

En enero de 1972, embarazada de su duodécimo hijo, Adalgiza vivía en una amplia casa de paja en Chega com Jeito, un pequeño asentamiento en la selva. «Zé Carlos» (André Grabois, muerto y desaparecido hasta hoy) se presentó allí pidiendo mandioca. Tras varias conversaciones, Adalgiza comprendió que pertenecía al *povo da mata*, la guerrilla. Su amistad quedó sellada cuando Sônia (Lúcia Maria de Souza, guerrillera también desaparecida) fue a asistirla en el parto. A modo de agradecimiento, Adalgiza mandó preparar pollos, huevos y *cachaça* para el *povo da mata*, que iban de un lado a otro y no sembraban mandioca, alimento básico.

En marzo empezó la llamada *guerra pequena*. La guerrilla quemaba puentes para impedir la llegada de refuerzos militares; los aviones de las fuerzas armadas empezaron a bombardear las casas. *Povo da mata* lo escondió todo y vivió en la espesura de la selva, cada vez más dependiente de la ayuda de los campesinos. Adalgiza decidió implicarse, ya que le parecía gente sufrida. Compró municiones, que guardaba junto con la comida, la ropa y el calzado que ellos necesitaban.

Los guerrilleros iban a su casa los viernes. Allí comían, hablaban de política, escuchaban Radio Tirana, una emisora albanesa que emitía para Brasil, y leían en voz alta para los analfabetos. Adalgiza recuerda que tenían una «novela», que no era más que un libro, de inspiración comunista china, con el manifiesto de la guerrilla.

Uno de esos viernes, Adalgiza había separado dos capones para preparar en la cocina, pero no acudió nadie. El sábado, después de una denuncia, los militares entraron en su casa buscando a su marido Frederico, que estaba ausente. Adalgiza cuenta que, a punta de pistola, la obligaron a dejar a sus hijas con unos soldados mientras ella los acompañaba a casa de su hermano, donde había dormido Frederico. Al llegar, abatieron a los animales, robaron la comida y detuvieron a su marido. A continuación destruyeron sus plantaciones y quemaron la casa. Era la venganza por dar apoyo a la guerrilla.

A Frederico lo llevaron a la Casa Azul, cuartel general de los militares en la ciudad de Marabá. Lo golpearon, le aplicaron descargas eléctricas, lo pusieron en el *pau de arara*, y lo colgaron por los testículos. Quedó tan maltrecho que no fue capaz de reconocer a Raimunda, su hija mayor, cuando esta lo visitó en Bacaba, un campo de concentración de condiciones miserables. En una de sus visitas, los soldados se fijaron en ella, de 12 años, y en su hermana Creuza, de 10. Las secuestraron para esclavizarlas. Víctimas de abusos sexuales, sufren trastornos psicológicos hasta hoy.

Durante la tarde en la que visito a Adalgiza, decidimos ir a Chega com Jeito para ver el lugar donde sucedió todo aquello. Las carreteras siguen siendo las mismas que construyeron los militares, de tierra batida y arena, y el coche de alquiler se atasca a medio camino. Unos campesinos se acercan para ayudarnos. Cuando les decimos a dónde nos dirigimos, huyen del lugar sin decir palabra. El miedo en la región es omnipresente.

Después de ser puesto en libertad, Frederico empezó a sufrir alucinaciones y a comportarse violentamente con su familia. Fue preciso internarlo en un hospital psiquiátrico en Belém do Pará, donde pasó 20 meses. Regresó, pero jamás volvió a ser el mismo, nunca consiguió volver a trabajar. Hoy viven con muchas dificultades en São Domingos. Adalgiza ya ha sido indemnizada, pero Frederico sigue a la espera de que el estado brasileño lo indemnice como víctima de abusos por parte de los militares.

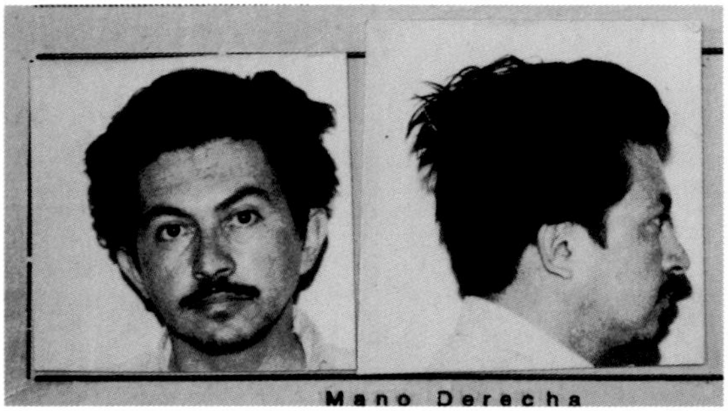
Mano Derecha

Martín Almada

(N. 1937, PUERTO SASTRE, PARAGUAY)

Martín Almada es un referente mundial cuando se habla del Plan Cóndor, la operación conjunta de varios países de América del Sur para aniquilar a la oposición política. Fue él quien en 1992 recibió un mensaje anónimo pidiéndole que fuera a un antiguo cuartel de policía en Lambaré, en los alrededores de Asunción, donde supuestamente se hallaban los archivos que probarían la existencia del plan. En 2008 lo llamé y me invitó de inmediato a su casa. Aquel sería el primero de varios encuentros.

Martín nació en 1937 en Puerto Sastre, Paraguay, una pequeña localidad minera que desapareció al cerrar la mina. A los 10 años se trasladó a San Lorenzo, lo que coincidió con la Revolución de los Pynandi (pies descalzos en guaraní), en la que los revolucionarios de izquierda fueron derrotados por el partido Colorado, con el apoyo de Juan Domingo Perón, presidente de Argentina.

Ya funcionaba la dictadura encabezada por el general Alfredo Stroessner (1954-1989) cuando Martín, profesor de primaria por aquel entonces, y su mujer Celestina, con la que tuvo dos hijos y una hija, empezaron a poner en práctica las lecturas de Paulo Freire sobre la Pedagogía de la liberación.

Sin militar en ningún partido, se hizo sindicalista para luchar por el derecho de los profesores a obtener mejores viviendas y sueldos, lo que bastó para que la policía política liderada por el temible Pastor Coronel lo detuviera el 26 de noviembre de 1974. Torturado durante 30 días en la sede del Departamento de Investigaciones, sufrió golpes, descargas eléctricas y fue sumergido en un tanque lleno de heces y orina. Durante 10 días sus torturadores llamaron a su casa haciendo escuchar esta tortura a Celestina, hasta que un día le informaron que había muerto. Al escuchar esta noticia, ella murió de un ataque cardíaco.

Martín me contó que además de los militares paraguayos, también lo interrogaron chilenos y argentinos. Permaneció detenido en varias comisarías con otros presos políticos, entre los cuales se hallaba un argentino que le habló de la existencia del Plan Cóndor.

El 7 de septiembre de 1976 estrenó el campo de concentración de Emboscada, en el que convivió con 500 presos de diferentes familias políticas, entre comunistas, trotskistas, maoístas, socialistas, anarquistas y teólogos de la liberación. Estuvo tres años preso y asegura que en la prisión se tornó radical; entró sin ideología y salió socialista.

Se exilió en Panamá, donde consiguió trabajo en la UNESCO, por lo que se trasladó a París con sus hijos y su madre. De vuelta a Paraguay tras la caída de Stroessner en 1989, empezó a realizar investigaciones para probar su cautiverio, el cual no constaba en ningún registro.

El 22 de diciembre de 1992, Martín, junto con otros activistas de derechos humanos y el juez José Agustín Fernández, encontraron en un altillo abandonado en Lambaré, en la periferia de Asunción, tres toneladas de papeles e imágenes, un conjunto al que hoy se conoce como Archivo del Terror, que demuestra la extensión del sistema represivo paraguayo, y que cuenta con aproximadamente once mil fichas de presos políticos, así como documentos que revelan la interacción con otros países de la región, incluyendo una carta de invitación para una reunión en Santiago de Chile y el acta fundacional del Plan Cóndor, lo que demuestra la existencia de un plan transnacional.

Martín volvió a contraer matrimonio, y su segunda mujer se convirtió en su brazo derecho. Hoy es abogado, activista de derechos humanos, ecologista y preside una fundación que lleva el nombre de Celestina. Es un hombre elegante, delicado, que me contó con cierta amargura que la relación con sus hijos es difícil, aunque es consciente de cómo sus circunstancias vitales condicionaron sus vidas.

Vive en un barrio de Asunción construido originalmente para altos rangos militares y quizá por eso todavía siente, de vez en cuando, animosidad por parte de algunos de sus vecinos.

Martín Almada

(N. 1937, PUERTO SASTRE, PARAGUAY)

Martín Almada es un referente mundial cuando se habla del Plan Cóndor, la operación conjunta de varios países de América del Sur para aniquilar a la oposición política. Fue él quien en 1992 recibió un mensaje anónimo pidiéndole que fuera a un antiguo cuartel de policía en Lambaré, en los alrededores de Asunción, donde supuestamente se hallaban los archivos que probarían la existencia del plan. En 2008 lo llamé y me invitó de inmediato a su casa. Aquel sería el primero de varios encuentros.

Martín nació en 1937 en Puerto Sastre, Paraguay, una pequeña localidad minera que desapareció al cerrar la mina. A los 10 años se trasladó a San Lorenzo, lo que coincidió con la Revolución de los Pynandi (pies descalzos en guaraní), en la que los revolucionarios de izquierda fueron derrotados por el partido Colorado, con el apoyo de Juan Domingo Perón, presidente de Argentina.

Ya funcionaba la dictadura encabezada por el general Alfredo Stroessner (1954-1989) cuando Martín, profesor de primaria por aquel entonces, y su mujer Celestina, con la que tuvo dos hijos y una hija, empezaron a poner en práctica las lecturas de Paulo Freire sobre la Pedagogía de la liberación.

Sin militar en ningún partido, se hizo sindicalista para luchar por el derecho de los profesores a obtener mejores viviendas y sueldos, lo que bastó para que la policía política liderada por el temible Pastor Coronel lo detuviera el 26 de noviembre de 1974. Torturado durante 30 días en la sede del Departamento de Investigaciones, sufrió golpes, descargas eléctricas y fue sumergido en un tanque lleno de heces y orina. Durante 10 días sus torturadores llamaron a su casa haciendo escuchar esta tortura a Celestina, hasta que un día le informaron que había muerto. Al escuchar esta noticia, ella murió de un ataque cardíaco.

Martín me contó que además de los militares paraguayos, también lo interrogaron chilenos y argentinos. Permaneció detenido en varias comisarías con otros presos políticos, entre los cuales se hallaba un argentino que le habló de la existencia del Plan Cóndor.

El 7 de septiembre de 1976 estrenó el campo de concentración de Emboscada, en el que convivió con 500 presos de diferentes familias políticas, entre comunistas, trotskistas, maoístas, socialistas, anarquistas y teólogos de la liberación. Estuvo tres años preso y asegura que en la prisión se tornó radical; entró sin ideología y salió socialista.

Se exilió en Panamá, donde consiguió trabajo en la UNESCO, por lo que se trasladó a París con sus hijos y su madre. De vuelta a Paraguay tras la caída de Stroessner en 1989, empezó a realizar investigaciones para probar su cautiverio, el cual no constaba en ningún registro.

El 22 de diciembre de 1992, Martín, junto con otros activistas de derechos humanos y el juez José Agustín Fernández, encontraron en un altillo abandonado en Lambaré, en la periferia de Asunción, tres toneladas de papeles e imágenes, un conjunto al que hoy se conoce como Archivo del Terror, que demuestra la extensión del sistema represivo paraguayo, y que cuenta con aproximadamente once mil fichas de presos políticos, así como documentos que revelan la interacción con otros países de la región, incluyendo una carta de invitación para una reunión en Santiago de Chile y el acta fundacional del Plan Cóndor, lo que demuestra la existencia de un plan transnacional.

Martín volvió a contraer matrimonio, y su segunda mujer se convirtió en su brazo derecho. Hoy es abogado, activista de derechos humanos, ecologista y preside de una fundación que lleva el nombre de Celestina. Es un hombre elegante, delicado, que me contó con cierta amargura que la relación con sus hijos es difícil, aunque es consciente de cómo sus circunstancias vitales condicionaron sus vidas.

Vive en un barrio de Asunción construido originalmente para altos rangos militares y quizá por eso todavía siente, de vez en cuando, animosidad por parte de algunos de sus vecinos.

DPTO. DE INVESTIGACIONES
DATOS PERSO
MELLA LATORRE, Rafael Alejandro
23 de marzo de 1949 en Santiago
31 años
Asunción.-
Chilena
blanca
saliente
normales
regulares
1m.57 cm.
recta
separados
Rafael Al
Martha Eliana Lattorre González
Carlos Alberto
Raúl Rodolfo
Enrique
MARIA CRISTINA CASTRO A
MANO DERECHA
PULGAR
INDICE
MEDIO
ANULAR
MEÑIQUE
soltero
Sebastiana Martínes (esposa)
Teobaldo Acosta
Florentina (f) (hijo)
Isabelino (hija)
Ciriaco (hijo)
Abundio (hijo)
(hijo)
MANO IZQUIE
Nacionalidad paraguaya
Céd. de Identidad
Raza blanca
Barba ----
Párpados normal
Orejas mediana
Talla 1.68
Bigote ----
Nariz Dor. recto
Lóbulos separada
Cuerpo mediano
Frente vertica
Base levantada
Boca
SEÑAS PARTIC
DATOS DE IDENT
Foto
Mano Derecha
PULGAR
INDICE
MEDIO
ANULAR
MEÑIQUE
PULGAR
DATOS
129.646 Br.
Prio.
Radicac
1m.79 cm.
Cuerpo
blanca
Talla
saliente
Frente
fugi
saliente
Bigote
revta
levant.
Base
Párpados normales.
Nariz Dor.
adheridos.
regulares
Lóbulos
Orejas
Hijo de don
y de doña Fulvia Carballo
Nombre
Myriam Ca
Luís Carb
MANO DERECHA
PULGAR
Mano Derecha
PULGAR

¿Dónde están?
Joel Hugo Filartiga
Desaparecido el 29 marzo 1976
Silvano Ortellado Flores
Desaparecido el 15 abril 1976
Guido Gervacio Gaston Aguilera
ONCE

Teresa Laborde

(n. 1977, Buenos Aires, Argentina)

y Adriana Calvo

(n. 1948-2010, Buenos Aires, Argentina)

Unos amigos de Buenos Aires me hablaron de la familia Calvo-Laborde. Adriana fue secuestrada en 1977, embarazada de siete meses de Teresa, que nació mientras su madre estaba esposada en el asiento trasero de un coche. Cuando nos conocimos, era Teresa quien estaba embarazada de ocho meses de su primer hijo.

Teresa es la más joven de tres hermanos. Recuerda cómo su madre explicaba llorando a sus hermanos mayores que nunca los había abandonado: estuvo presa durante casi tres meses y salió cuando Teresa cumplía 15 días. Durante el parto, Adriana se juró a sí misma que si conseguía sobrevivir, pasaría el resto de su vida denunciando los crímenes de la dictadura.

Tras ser puesta en libertad, trabajó como empleada en una fábrica, lejos de casa y más lejos aún de su formación como física. Al terminar la dictadura, fundó la Asociación de ex Detenidos Desaparecidos y fue la primera en contar su historia a la Conadep (Comisión Nacional sobre la Desaparición de Personas), de donde saldría *Nunca más*, un documento redactado por Ernesto Sábato con conclusiones sobre los abusos cometidos. También compareció como testigo en el juicio a las Juntas Militares, cuyos acusados serían indultados por el presidente Carlos Menem en 1990.

En 2001, cuando Argentina entraba en la peor crisis económica de la que hay memoria, Teresa viajó a Cuba invitada por el gobierno para dar clases de artes escénicas para un espectáculo de carnaval. Al cabo de cinco días le dijeron que Fidel Castro había suspendido el carnaval para reconstruir escuelas primarias. Se quedó sin trabajo, pero consiguió una beca para estudiar Historia del Arte en la universidad. Permaneció en Cuba durante cinco años. A su vuelta, las amenazas continuaron. El 17 de septiembre de 2006, el mismo día en que nació su hijo Iker, desapareció Julio López, testigo clave en la acusación de un inspector de la policía de la provincia de Buenos Aires. Adriana fue una de las primeras personas en enterarse de la noticia y se puso de inmediato a hacer campaña para que se le encontrara. Con este motivo, Teresa recibió una llamada en la que una voz masculina le dijo: *Decile a tu mamá que se deje de joder si no quiere que te pase lo que le pasó a Julio López.*

He hablado de nuevo con Teresa en 2014. Tiene dos hijos y está recién divorciada. Me dice que vivir con esa herencia en Argentina resulta insoportable. Se queja de la propaganda y de la campaña electoral en torno a la lucha de los desaparecidos, los familiares y los supervivientes; habla de la lentitud de la justicia.

Las consecuencias de la violencia persisten: barrios pobres donde los niños sufren maltratos, pasan hambre y frío. Y el tráfico de mujeres, y las chicas violadas, me dice Teresa, llena de rabia: *No puedo vivir aquí, esa es la verdad. Cuando intentás hacer algo para cambiar las cosas, si te implicás demasiado, te amenazan; si intentás hacer mucho, te despiden; pero si no hacés nada, entonces te dan un premio.*

Sigue militando por causas propias, como la mejora de las condiciones de vida, y se vale de muchas de las lecciones que su madre Adriana le enseñó antes de morir en 2010, a los 62 años, víctima de cáncer.

La última vez que la vi fue un año antes de su muerte, el primer día del juicio a los crímenes cometidos en la ESMA, el principal centro clandestino de Buenos Aires. Estaba contenta porque 19 exmilitares se sentaban por fin en el banquillo.

Teresa Laborde

(n. 1977, Buenos Aires, Argentina)

y Adriana Calvo

(n. 1948-2010, Buenos Aires, Argentina)

Unos amigos de Buenos Aires me hablaron de la familia Calvo-Laborde. Adriana fue secuestrada en 1977, embarazada de siete meses de Teresa, que nació mientras su madre estaba esposada en el asiento trasero de un coche. Cuando nos conocimos, era Teresa quien estaba embarazada de ocho meses de su primer hijo.

Teresa es la más joven de tres hermanos. Recuerda cómo su madre explicaba llorando a sus hermanos mayores que nunca los había abandonado: estuvo presa durante casi tres meses y salió cuando Teresa cumplía 15 días. Durante el parto, Adriana se juró a sí misma que si conseguía sobrevivir, pasaría el resto de su vida denunciando los crímenes de la dictadura.

Tras ser puesta en libertad, trabajó como empleada en una fábrica, lejos de casa y más lejos aún de su formación como física. Al terminar la dictadura, fundó la Asociación de ex Detenidos Desaparecidos y fue la primera en contar su historia a la Conadep (Comisión Nacional sobre la Desaparición de Personas), de donde saldría *Nunca más*, un documento redactado por Ernesto Sábato con conclusiones sobre los abusos cometidos. También compareció como testigo en el juicio a las Juntas Militares, cuyos acusados serían indultados por el presidente Carlos Menem en 1990.

En 2001, cuando Argentina entraba en la peor crisis económica de la que hay memoria, Teresa viajó a Cuba invitada por el gobierno para dar clases de artes escénicas para un espectáculo de carnaval. Al cabo de cinco días le dijeron que Fidel Castro había suspendido el carnaval para reconstruir escuelas primarias. Se quedó sin trabajo, pero consiguió una beca para estudiar Historia del Arte en la universidad. Permaneció en Cuba durante cinco años. A su vuelta, las amenazas continuaron. El 17 de septiembre de 2006, el mismo día en que nació su hijo Iker, desapareció Julio López, testigo clave en la acusación de un inspector de la policía de la provincia de Buenos Aires. Adriana fue una de las primeras personas en enterarse de la noticia y se puso de inmediato a hacer campaña para que se le encontrara. Con este motivo, Teresa recibió una llamada en la que una voz masculina le dijo: *Decile a tu mamá que se deje de joder si no quiere que te pase lo que le pasó a Julio López.*

He hablado de nuevo con Teresa en 2014. Tiene dos hijos y está recién divorciada. Me dice que vivir con esa herencia en Argentina resulta insoportable. Se queja de la propaganda y de la campaña electoral en torno a la lucha de los desaparecidos, los familiares y los supervivientes; habla de la lentitud de la justicia.

Las consecuencias de la violencia persisten: barrios pobres donde los niños sufren maltratos, pasan hambre y frío. Y el tráfico de mujeres, y las chicas violadas, me dice Teresa, llena de rabia: *No puedo vivir aquí, esa es la verdad. Cuando intentás hacer algo para cambiar las cosas, si te implicás demasiado, te amenazan; si intentás hacer mucho, te despiden; pero si no hacés nada, entonces te dan un premio.*

Sigue militando por causas propias, como la mejora de las condiciones de vida, y se vale de muchas de las lecciones que su madre Adriana le enseñó antes de morir en 2010, a los 62 años, víctima de cáncer.

La última vez que la vi fue un año antes de su muerte, el primer día del juicio a los crímenes cometidos en la ESMA, el principal centro clandestino de Buenos Aires. Estaba contenta porque 19 exmilitares se sentaban por fin en el banquillo.

LUIS A.TOMAS AYALA HAEDO ROMAÑOLI
4º Curso Medicina (D.Cristiano)
Detenido el 18 Noviembre de 1.969.-

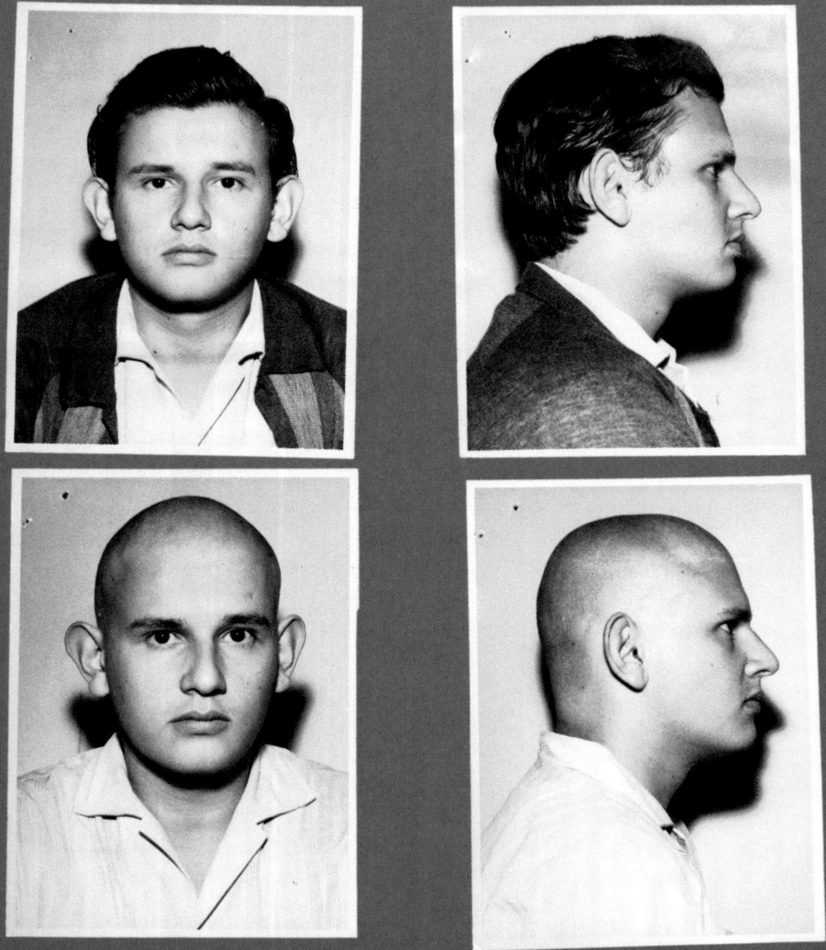

LUIS AUGUSTO CARISIMO GILL
1er. Curso Medicina(L.Radical)
Detenido el 18 Noviembre de 1.969

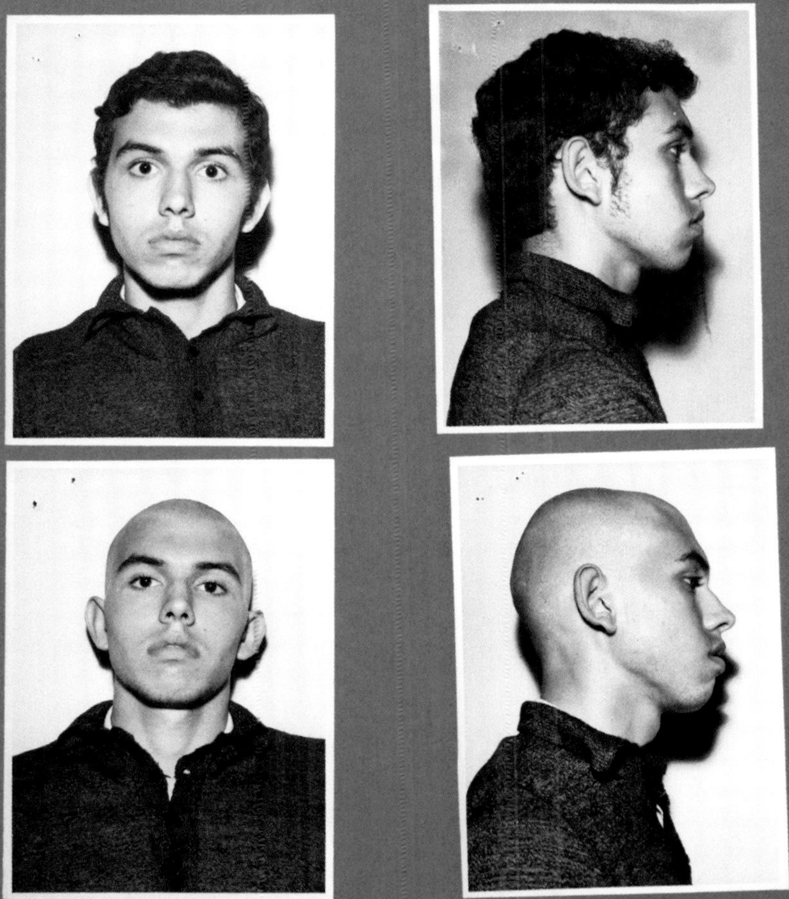

ELADIO ALEJANDRO BRIZUELA PERINCIOLO
6º Curso Medicina (Liberal Radical)
Detenido el 18 Noviembre de 1.969.-

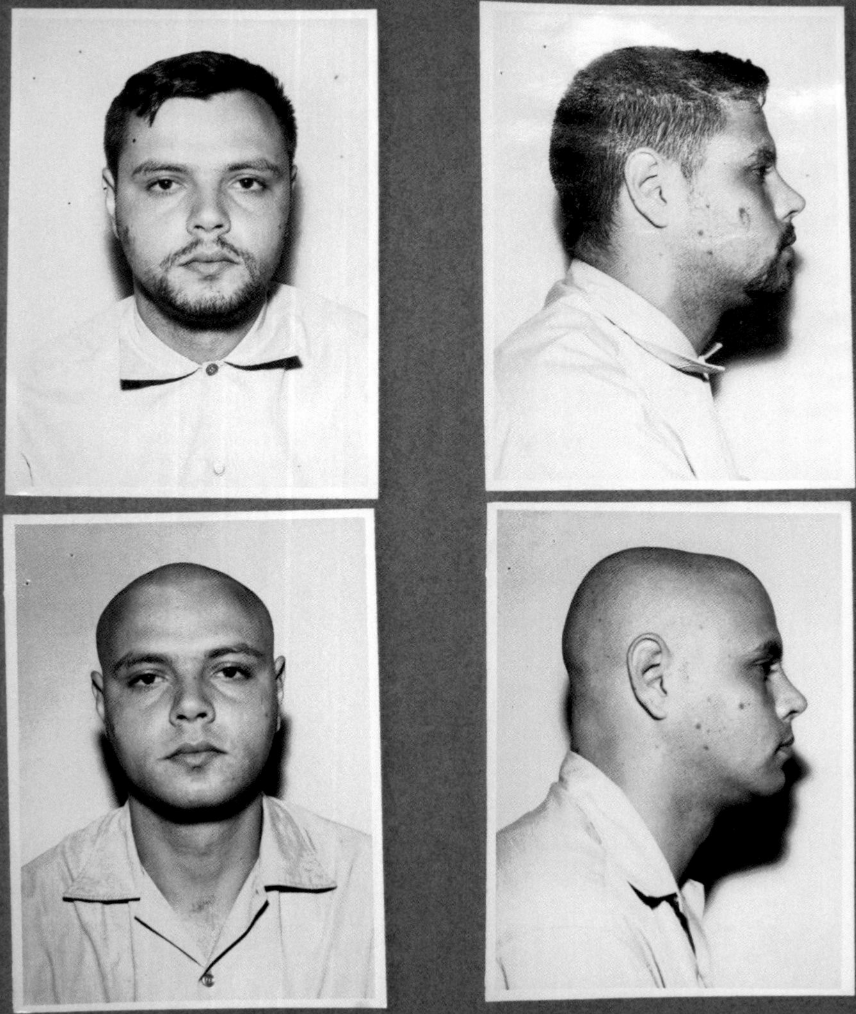

FRANCISCO JOSE DE VARGAS GONZALEZ

4º Curso Derecho (L.Radical)
Detenido el 18 Noviembre de 1.969.-

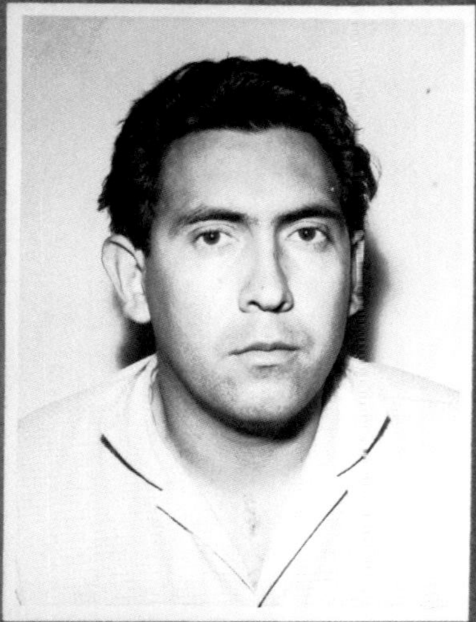

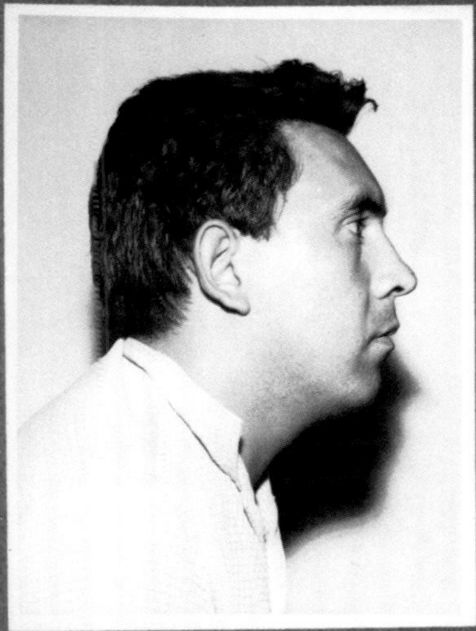

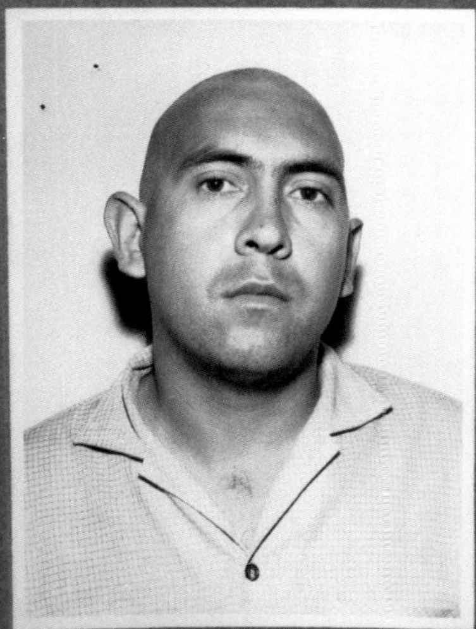

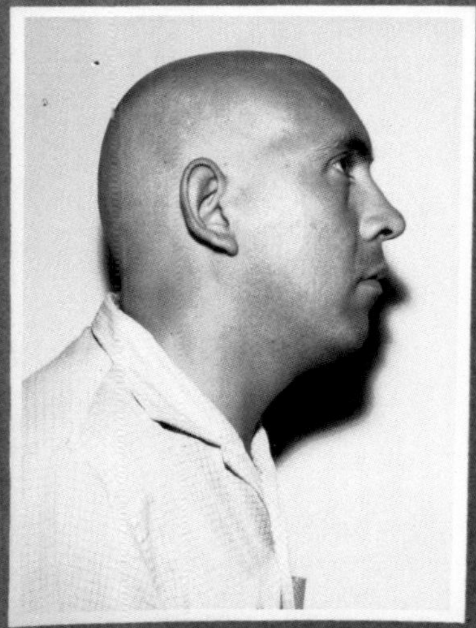

JORGE RAMON LARA CASCO M. (L.Radical)

5º curso Derecho (U.Cat.)
Detenido el 18 de noviembre de 1.969.-

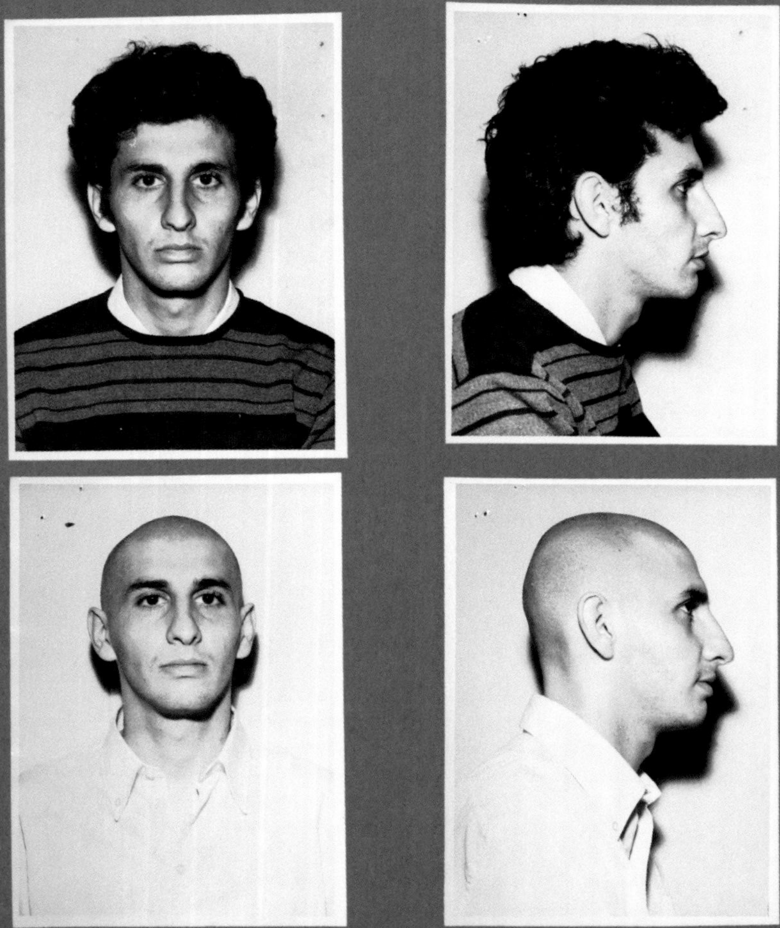

<u>CESAR ERASMO CHERICO ACHINELLI</u>
2º Curso Medicina (L.Radical)
Detenido el 18 Noviembre de 1.969.-

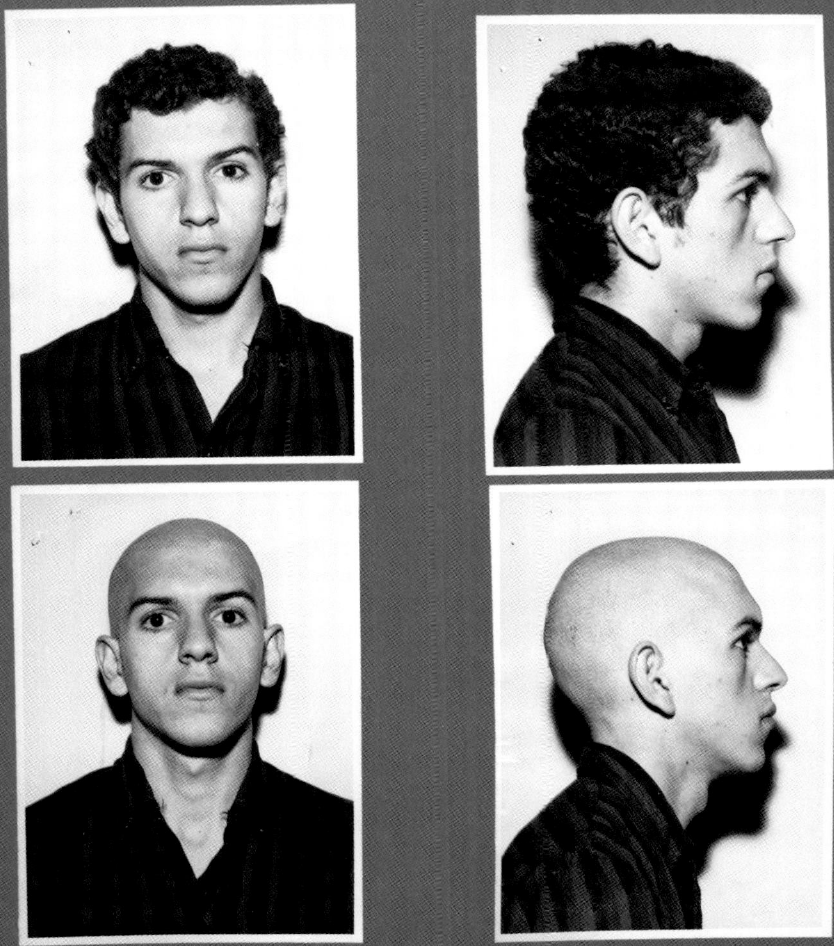

António Louro

(N. 1926, SARDOAL, PORTUGAL)

Me hallo en Lisboa a punto de tomar el vuelo hacia Brasil cuando suena mi teléfono. Es un hombre portugués que afirma haber leído una entrevista en la que hablo sobre el Plan Cóndor. Me cuenta que su hermano António fue una de las víctimas y que vive en Río de Janeiro. Me da un número al que llamo al aterrizar. António responde con la jovialidad de alguien que me conociera hace años.

Hijo de un Guarda Nacional Republicano, creció en la zona oriental de Lisboa. A los 13 años ya era operario en la Fábrica do Braço de Prata, productora de armamento, y trabajaba en turnos de hasta doce horas. En su tiempo libre asistía a la escuela industrial Afonso Domingues, en cuyas aulas coincidió con José Saramago.

En las fábricas había comunistas infiltrados que politizaban a los trabajadores, por lo que António empezó a colaborar con el partido (PCP). Sin embargo, lo consideraban demasiado reivindicativo así que acabó dejando la fábrica en 1952, tras un accidente en el que varios operarios resultaron heridos. La PIDE (policía política portuguesa) lo vigilaba y, en 1956, fue detenido mientras hacía pintadas contra la dictadura. Después de los interrogatorios en los que sufría golpes y aislamiento, estuvo detenido durante seis meses en Caxias, en las afueras de Lisboa. Tras haber sido puesto en libertad, volvió a ser encarcelado durante seis meses.

En 1957 se exilió en París hasta que su incompatibilidad con Sérgio Vilarigues, su *controleiro*[1] del PCP, lo llevó a la escisión. El principal motivo fue la visión paternalista que los comunistas tenían de los movimientos de independencia de las colonias portuguesas en África; querían ser ellos quienes hicieran caer el régimen y otorgaran la independencia a las colonias. Por su parte, António quería que apoyasen a los movimientos locales: MPLA (Angola), PAIGC (Guinea Bissau y Cabo Verde) y FRELIMO (Mozambique), dejando que estos lucharan por sí mismos.

En 1960, la União Nacional de Estudantes brasileña, asociación académica de izquierdas, le invitó a convertirse en su representante frente a los movimientos de las colonias portuguesas. Acabaría quedándose en Brasil, donde consiguió un trabajo en el ámbito de la ingeniería naval. El 31 de marzo de 1964 se produjo el golpe militar que llevó al presidente João Goulart al exilio, primero en Uruguay y después en Argentina, donde se sospecha que fue asesinado por el Plan Cóndor; en la versión oficial se habló de infarto, pero su cuerpo fue exhumado en 2013 y se planteaba la posibilidad de que se hubiera producido un envenenamiento.

Pocos días después del golpe, los infantes de marina invadieron el astillero donde trabajaba António tras lo que fue detenido nuevamente. Acusado de espionaje para Angola, fue interrogado y torturado por el DOPS (policía política) en el centro de Río de Janeiro, según explica, frente a un oficial de la PIDE llamado Passos. Permaneció allí durante un mes y medio junto con el guerrillero marxista Carlos Marighella, que acabó siendo asesinado por la dictadura y se convirtió en un símbolo en Brasil.

Fue trasladado a la prisión de la Ilha das Cobras (bahía de Guanabara), donde se encontró con el «cabo Anselmo», un agente infiltrado que ayudaba a los militares a capturar opositores. Puesto en libertad al cabo de tres meses, trabajó en varias empresas de construcción naval.

En abril de 1974 se produjo la revolución en Portugal y António decidió regresar. Al volver a Río de Janeiro, la Policía Federal le informa que debe embarcar hacia Buenos Aires. Al mostrar sus papeles en orden y amenazar con llamar a su abogado, lo dejan marchar, pero asegura que el Plan Cóndor lo seguía y que aquello era un intento de entregarlo a los argentinos. Permaneció en Río, casado con una brasileña con quien tuvo una hija. Hoy, a los 88 años, y pese a que en ocasiones le falla la memoria, lee sin gafas y se mueve como un hombre de 30 años.

1 El *controleiro*, en la organización comunista clandestina, garantizaba que los miembros a su cargo siguieran la línea del Partido. (n. de la t.)

António Louro

(N. 1926, SARDOAL, PORTUGAL)

Me hallo en Lisboa a punto de tomar el vuelo hacia Brasil cuando suena mi teléfono. Es un hombre portugués que afirma haber leído una entrevista en la que hablo sobre el Plan Cóndor. Me cuenta que su hermano António fue una de las víctimas y que vive en Río de Janeiro. Me da un número al que llamo al aterrizar. António responde con la jovialidad de alguien que me conociera hace años.

Hijo de un Guarda Nacional Republicano, creció en la zona oriental de Lisboa. A los 13 años ya era operario en la Fábrica do Braço de Prata, productora de armamento, y trabajaba en turnos de hasta doce horas. En su tiempo libre asistía a la escuela industrial Afonso Domingues, en cuyas aulas coincidió con José Saramago.

En las fábricas había comunistas infiltrados que politizaban a los trabajadores, por lo que António empezó a colaborar con el partido (PCP). Sin embargo, lo consideraban demasiado reivindicativo así que acabó dejando la fábrica en 1952, tras un accidente en el que varios operarios resultaron heridos. La PIDE (policía política portuguesa) lo vigilaba y, en 1956, fue detenido mientras hacía pintadas contra la dictadura. Después de los interrogatorios en los que sufría golpes y aislamiento, estuvo detenido durante seis meses en Caxias, en las afueras de Lisboa. Tras haber sido puesto en libertad, volvió a ser encarcelado durante seis meses.

En 1957 se exilió en París hasta que su incompatibilidad con Sérgio Vilarigues, su *controleiro*[1] del PCP, lo llevó a la escisión. El principal motivo fue la visión paternalista que los comunistas tenían de los movimientos de independencia de las colonias portuguesas en África; querían ser ellos quienes hicieran caer el régimen y otorgaran la independencia a las colonias. Por su parte, António quería que apoyasen a los movimientos locales: MPLA (Angola), PAIGC (Guinea Bissau y Cabo Verde) y FRELIMO (Mozambique), dejando que estos lucharan por sí mismos.

En 1960, la União Nacional de Estudantes brasileña, asociación académica de izquierdas, le invitó a convertirse en su representante frente a los movimientos de las colonias portuguesas. Acabaría quedándose en Brasil, donde consiguió un trabajo en el ámbito de la ingeniería naval. El 31 de marzo de 1964 se produjo el golpe militar que llevó al presidente João Goulart al exilio, primero en Uruguay y después en Argentina, donde se sospecha que fue asesinado por el Plan Cóndor; en la versión oficial se habló de infarto, pero su cuerpo fue exhumado en 2013 y se planteaba la posibilidad de que se hubiera producido un envenenamiento.

Pocos días después del golpe, los infantes de marina invadieron el astillero donde trabajaba António tras lo que fue detenido nuevamente. Acusado de espionaje para Angola, fue interrogado y torturado por el DOPS (policía política) en el centro de Río de Janeiro, según explica, frente a un oficial de la PIDE llamado Passos. Permaneció allí durante un mes y medio junto con el guerrillero marxista Carlos Marighella, que acabó siendo asesinado por la dictadura y se convirtió en un símbolo en Brasil.

Fue trasladado a la prisión de la Ilha das Cobras (bahía de Guanabara), donde se encontró con el «cabo Anselmo», un agente infiltrado que ayudaba a los militares a capturar opositores. Puesto en libertad al cabo de tres meses, trabajó en varias empresas de construcción naval.

En abril de 1974 se produjo la revolución en Portugal y António decidió regresar. Al volver a Río de Janeiro, la Policía Federal le informa que debe embarcar hacia Buenos Aires. Al mostrar sus papeles en orden y amenazar con llamar a su abogado, lo dejan marchar, pero asegura que el Plan Cóndor lo seguía y que aquello era un intento de entregarlo a los argentinos. Permaneció en Río, casado con una brasileña con quien tuvo una hija. Hoy, a los 88 años, y pese a que en ocasiones le falla la memoria, lee sin gafas y se mueve como un hombre de 30 años.

1 El *controleiro*, en la organización comunista clandestina, garantizaba que los miembros a su cargo siguieran la línea del Partido. (n. de la t.)

QUIERO
LIBRE

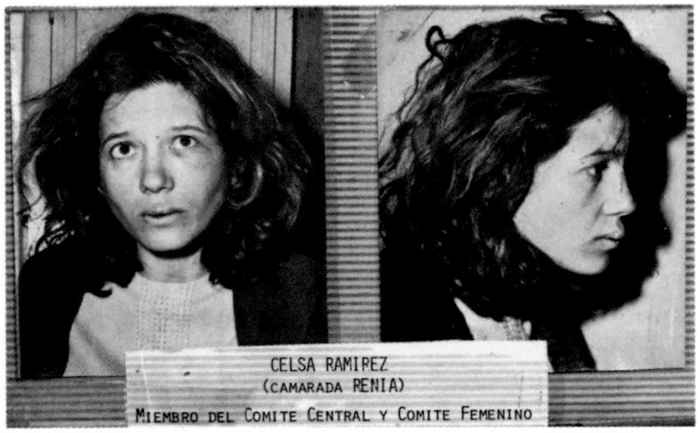
CELSA RAMIREZ
(CAMARADA RENIA)
MIEMBRO DEL COMITE CENTRAL Y COMITE FEMENINO

Celsa Ramírez

(N. 1950, CAPIATÁ, PARAGUAY)

Celsa Ramírez entró en mi vida durante la presentación de un libro en la plaza central de Asunción: caminó hacia su arpa y con unas pocas notas dejó a todos extasiados. Sabía que había estado presa. Acordamos una entrevista.

Hija de comunistas, Celsa abandonó Paraguay con sus padres en 1956, dos años después del comienzo de la dictadura de Alfredo Stroessner. La familia se trasladó a Buenos Aires donde convivió con otros exiliados. En su adolescencia hizo campaña para la liberación de los presos políticos mientras estudiaba música. En 1968 su madre volvió clandestinamente, fue detenida y, por ese motivo, la familia se trasladó a Formosa, en el norte de Argentina, más cerca de la frontera.

Celsa tenía 23 años cuando conoció a Derlis Villagra, miembro de la dirección del PC paraguayo, recién salido de la cárcel. Enamorados, se casaron e instalaron clandestinamente en Asunción para llevar a cabo un «trabajo político» con los «trabajadores explotados». Para disminuir el riesgo, no vivían juntos. Ella lo hacía con una militante mayor. El 26 de noviembre de 1975, los militares entraron en su casa y las detuvieron.

En el Departamento de Investigaciones (policía política), condujeron a Celsa ante el temido Pastor Coronel. Cuando dijo que estaba embarazada de cuatro meses y que no iba a decir nada más, la golpearon. Una noche la torturaron con golpes y ahogamientos. *En la pileta, una bañera llena de agua, me ataron de pies y manos y me sumergieron la cabeza, al mismo tiempo que me golpeaban en la planta de los pies.* Mientras ocurrían estos incidentes, los torturadores escuchaban en la radio a José Asunción Flores, un cantante prohibido. Detalles como este, así como el recuerdo de los exiliados, la ayudaron a resistir. Todo el cuerpo le quedó lleno de hematomas, menos el vientre, donde los torturadores no la golpearon. Algunos se compadecieron de ella y le dieron leche y galletas.

Derlis había sido detenido en otra casa. Algunos testigos escucharon a los torturadores decir: *Vas a aprender cómo muere un comunista*. Lo golpearon hasta la muerte. Su cuerpo sigue desaparecido.

Al cabo de tres meses trasladaron a Celsa a una celda colectiva en una comisaría. Al llegar, embarazada de siete meses, se encontró con su madre, a la que no veía desde hacía ocho años. Se vieron obligadas a ocultar que eran madre e hija para que no las separaran. Se mantuvieron juntas hasta abril de 1976, cuando Celsa dio a luz en un hospital de la policía. Derlis Miguel nació en prisión y huérfano de padre. No lo devolvieron, casi inerte, a su madre hasta que ella lo pidió con insistencia.

En septiembre, las presas fueron trasladadas al campo de concentración de Emboscada, donde el régimen mantenía a los principales presos políticos en dos alas. A Celsa la instalaron con 18 niños y sus madres. Nadie dormía; cuando un niño lloraba, todos los demás lo imitaban. En total había 500 presos, incluso personas por quienes ella había estado haciendo campaña. Organizaban campeonatos de fútbol, grupos de teatro y de música. La iglesia envió un arpa. Celsa llegó a dar un concierto.

La pusieron en libertad casi tres años después, sin haber sido formalmente acusada, presentada ante un tribunal o condenada. Se instaló en Itá, Paraguay, donde vendía bisutería con su abuela gracias a un microcrédito de la iglesia. Se reencontró con un compañero de prisión y se fueron a vivir juntos. Cuando en 1980 los nombres de ambos aparecieron en una lista de cinco militantes a eliminar, se exiliaron en São Paulo. La dictadura brasileña no les otorgó el estatus de exiliados. Él trabajaba en la construcción y ella vendía en mercados; tuvieron tres hijos. Tras separarse, Celsa volvió a Paraguay en 1990. La dictadura terminó. En la actualidad vende libros técnicos, sigue militando en el PCP y vive en Itá, donde nos encontramos por última vez para que yo la fotografiase tocando el arpa en casa, rodeada de mangos.

Celsa Ramírez

(N. 1950, CAPIATÁ, PARAGUAY)

Celsa Ramírez entró en mi vida durante la presentación de un libro en la plaza central de Asunción: caminó hacia su arpa y con unas pocas notas dejó a todos extasiados. Sabía que había estado presa. Acordamos una entrevista.

Hija de comunistas, Celsa abandonó Paraguay con sus padres en 1956, dos años después del comienzo de la dictadura de Alfredo Stroessner. La familia se trasladó a Buenos Aires donde convivió con otros exiliados. En su adolescencia hizo campaña para la liberación de los presos políticos mientras estudiaba música. En 1968 su madre volvió clandestinamente, fue detenida y, por ese motivo, la familia se trasladó a Formosa, en el norte de Argentina, más cerca de la frontera.

Celsa tenía 23 años cuando conoció a Derlis Villagra, miembro de la dirección del PC paraguayo, recién salido de la cárcel. Enamorados, se casaron e instalaron clandestinamente en Asunción para llevar a cabo un «trabajo político» con los «trabajadores explotados». Para disminuir el riesgo, no vivían juntos. Ella lo hacía con una militante mayor. El 26 de noviembre de 1975, los militares entraron en su casa y las detuvieron.

En el Departamento de Investigaciones (policía política), condujeron a Celsa ante el temido Pastor Coronel. Cuando dijo que estaba embarazada de cuatro meses y que no iba a decir nada más, la golpearon. Una noche la torturaron con golpes y ahogamientos. *En la pileta, una bañera llena de agua, me ataron de pies y manos y me sumergieron la cabeza, al mismo tiempo que me golpeaban en la planta de los pies.* Mientras ocurrían estos incidentes, los torturadores escuchaban en la radio a José Asunción Flores, un cantante prohibido. Detalles como este, así como el recuerdo de los exiliados, la ayudaron a resistir. Todo el cuerpo le quedó lleno de hematomas, menos el vientre, donde los torturadores no la golpearon. Algunos se compadecieron de ella y le dieron leche y galletas.

Derlis había sido detenido en otra casa. Algunos testigos escucharon a los torturadores decir: *Vas a aprender cómo muere un comunista.* Lo golpearon hasta la muerte. Su cuerpo sigue desaparecido.

Al cabo de tres meses trasladaron a Celsa a una celda colectiva en una comisaría. Al llegar, embarazada de siete meses, se encontró con su madre, a la que no veía desde hacía ocho años. Se vieron obligadas a ocultar que eran madre e hija para que no las separaran. Se mantuvieron juntas hasta abril de 1976, cuando Celsa dio a luz en un hospital de la policía. Derlis Miguel nació en prisión y huérfano de padre. No lo devolvieron, casi inerte, a su madre hasta que ella lo pidió con insistencia.

En septiembre, las presas fueron trasladadas al campo de concentración de Emboscada, donde el régimen mantenía a los principales presos políticos en dos alas. A Celsa la instalaron con 18 niños y sus madres. Nadie dormía; cuando un niño lloraba, todos los demás lo imitaban. En total había 500 presos, incluso personas por quienes ella había estado haciendo campaña. Organizaban campeonatos de fútbol, grupos de teatro y de música. La iglesia envió un arpa. Celsa llegó a dar un concierto.

La pusieron en libertad casi tres años después, sin haber sido formalmente acusada, presentada ante un tribunal o condenada. Se instaló en Itá, Paraguay, donde vendía bisutería con su abuela gracias a un microcrédito de la iglesia. Se reencontró con un compañero de prisión y se fueron a vivir juntos. Cuando en 1980 los nombres de ambos aparecieron en una lista de cinco militantes a eliminar, se exiliaron en São Paulo. La dictadura brasileña no les otorgó el estatus de exiliados. Él trabajaba en la construcción y ella vendía en mercados; tuvieron tres hijos. Tras separarse, Celsa volvió a Paraguay en 1990. La dictadura terminó. En la actualidad vende libros técnicos, sigue militando en el PCP y vive en Itá, donde nos encontramos por última vez para que yo la fotografiase tocando el arpa en casa, rodeada de mangos.

Francotiradores del EPP

Lilian Celiberti

(N. 1949, BLANQUILLO, DURAZNO, URUGUAY)

Oí hablar de Lilian en Porto Alegre, en el sur de Brasil. Me contaron que una uruguaya había sido secuestrada, con dos hijos y un compañero de partido, en una operación del DOPS (policía política brasileña) y los militares uruguayos. Le escribí en una de las ocasiones en que viajé a Montevideo y acordamos un encuentro.

Me explicó cómo adquirió conciencia social mientras estudiaba magisterio al ver cómo vivían los campesinos, por lo que se comprometió con el asociacionismo y con los anarquistas. Fue detenida dos veces. La primera en 1968, ya casada con Hugo Casariego, con quien tuvo un hijo en 1971. En noviembre de 1972 la policía entró de nuevo en su casa y los detuvo.

La tortura estaba instituida. Su intensidad dependía del nivel de militancia. Lilian pasó dos meses en diferentes cuarteles hasta estrenar la prisión femenina de Punta de Rieles. Puesta en libertad en mayo de 1974, se exilió en Milán con su hijo y su marido. Ella trabajaba como cuidadora de niños, él como vendedor y operario. Tuvieron una hija en 1975. Entretanto, algunos anarquistas exiliados se unieron a otros militantes en el Partido de la Victoria del Pueblo, dirigido en París por Hugo Cores. Lilian empezó a verse con él para crear un comité de denuncia de la situación en Uruguay.

En 1978 el partido la envió a Porto Alegre con sus dos hijos y otro militante, Universindo Rodríguez, para estar más cerca de Uruguay y poder denunciar los abusos que allí se cometían. Un periodista de la revista *Veja*, Luiz Cláudio Cunha, la puso en aviso de que los militares habían cruzado la frontera buscando exiliados. El 12 de noviembre de 1978, 24 horas después de haber recibido esa información, Lilian se hallaba en la estación de autobuses a la espera de la madre de un desaparecido cuando se acercó a ella la policía brasileña y se la llevó a una sala donde la esperaba el mayor uruguayo Glauco Giannone.

Una vez en el DOPS, la desnudaron parcialmente y la torturaron con descargas eléctricas. Encontraron en su cartera la dirección de su casa, se dirigieron allí para torturar a Universindo y anunciaron que se los llevarán a todos a Uruguay esa misma noche. Lilian jugó su última baza ya en la costa rumbo a Montevideo, los cuatro en el suelo de una furgoneta llena de militares: para poder volver a Brasil, pidió negociar, y afirmó que el siguiente viernes habría una reunión en su casa de Porto Alegre. Dos oficiales volvieron con ella, los demás se llevaron a sus hijos y a Universindo a Montevideo.

A la espera de la fecha de la reunión, Lilian permaneció encerrada. Consiguió enviar un mensaje cifrado a París en el que solicitaba a sus compañeros que enviaran a la prensa el viernes. El 17 de noviembre de 1978, Luiz Cláudio Cunha acudió con un fotógrafo. Tras un gran alboroto con los militares, los periodistas salieron y ella fue trasladada a la jefatura de policía. El reportaje serviría de prueba para condenar a dos policías brasileños por su participación en el secuestro.

Puesto que había sido vista por la prensa, el DOPS negoció con los militares uruguayos para que se la llevaran viva. Permaneció un año y medio detenida en un cuartel con Universindo. Fueron acusados de haber entrado en el país con un vehículo cargado con armas, lo cual era falso, y condenados a cinco años. Lilian no saldría hasta noviembre de 1983.

Como es habitual entre los supervivientes de las dictaduras, me dice que lo más difícil fue la relación con sus hijos a consecuencia de la prisión y el distanciamiento. Después de la dictadura volvió a vivir con su marido en Montevideo durante algunos años. Entretanto, abandonó el partido, aunque ahora milita por los derechos de las mujeres y de la comunidad LGBT.

Sin embargo, no es capaz de olvidar cuando, en 1988, los cascos azules de la ONU obtuvieron el Premio Nobel de la Paz. Glauco Giannone, el mayor que la secuestró, torturó e interrogó, formaba parte de la comitiva que acudió a recibir el premio.

Lilian Celiberti

(N. 1949, BLANQUILLO, DURAZNO, URUGUAY)

Oí hablar de Lilian en Porto Alegre, en el sur de Brasil. Me contaron que una uruguaya había sido secuestrada, con dos hijos y un compañero de partido, en una operación del DOPS (policía política brasileña) y los militares uruguayos. Le escribí en una de las ocasiones en que viajé a Montevideo y acordamos un encuentro.

Me explicó cómo adquirió conciencia social mientras estudiaba magisterio al ver cómo vivían los campesinos, por lo que se comprometió con el asociacionismo y con los anarquistas. Fue detenida dos veces. La primera en 1968, ya casada con Hugo Casariego, con quien tuvo un hijo en 1971. En noviembre de 1972 la policía entró de nuevo en su casa y los detuvo.

La tortura estaba instituida. Su intensidad dependía del nivel de militancia. Lilian pasó dos meses en diferentes cuarteles hasta estrenar la prisión femenina de Punta de Rieles. Puesta en libertad en mayo de 1974, se exilió en Milán con su hijo y su marido. Ella trabajaba como cuidadora de niños, él como vendedor y operario. Tuvieron una hija en 1975. Entretanto, algunos anarquistas exiliados se unieron a otros militantes en el Partido de la Victoria del Pueblo, dirigido en París por Hugo Cores. Lilian empezó a verse con él para crear un comité de denuncia de la situación en Uruguay.

En 1978 el partido la envió a Porto Alegre con sus dos hijos y otro militante, Universindo Rodríguez, para estar más cerca de Uruguay y poder denunciar los abusos que allí se cometían. Un periodista de la revista *Veja*, Luiz Cláudio Cunha, la puso en aviso de que los militares habían cruzado la frontera buscando exiliados. El 12 de noviembre de 1978, 24 horas después de haber recibido esa información, Lilian se hallaba en la estación de autobuses a la espera de la madre de un desaparecido cuando se acercó a ella la policía brasileña y se la llevó a una sala donde la esperaba el mayor uruguayo Glauco Giannone.

Una vez en el DOPS, la desnudaron parcialmente y la torturaron con descargas eléctricas. Encontraron en su cartera la dirección de su casa, se dirigieron allí para torturar a Universindo y anunciaron que se los llevarán a todos a Uruguay esa misma noche. Lilian jugó su última baza ya en la costa rumbo a Montevideo, los cuatro en el suelo de una furgoneta llena de militares: para poder volver a Brasil, pidió negociar, y afirmó que el siguiente viernes habría una reunión en su casa de Porto Alegre. Dos oficiales volvieron con ella, los demás se llevaron a sus hijos y a Universindo a Montevideo.

A la espera de la fecha de la reunión, Lilian permaneció encerrada. Consiguió enviar un mensaje cifrado a París en el que solicitaba a sus compañeros que enviaran a la prensa el viernes. El 17 de noviembre de 1978, Luiz Cláudio Cunha acudió con un fotógrafo. Tras un gran alboroto con los militares, los periodistas salieron y ella fue trasladada a la jefatura de policía. El reportaje serviría de prueba para condenar a dos policías brasileños por su participación en el secuestro.

Puesto que había sido vista por la prensa, el DOPS negoció con los militares uruguayos para que se la llevaran viva. Permaneció un año y medio detenida en un cuartel con Universindo. Fueron acusados de haber entrado en el país con un vehículo cargado con armas, lo cual era falso, y condenados a cinco años. Lilian no saldría hasta noviembre de 1983.

Como es habitual entre los supervivientes de las dictaduras, me dice que lo más difícil fue la relación con sus hijos a consecuencia de la prisión y el distanciamiento. Después de la dictadura volvió a vivir con su marido en Montevideo durante algunos años. Entretanto, abandonó el partido, aunque ahora milita por los derechos de las mujeres y de la comunidad LGBT.

Sin embargo, no es capaz de olvidar cuando, en 1988, los cascos azules de la ONU obtuvieron el Premio Nobel de la Paz. Glauco Giannone, el mayor que la secuestró, torturó e interrogó, formaba parte de la comitiva que acudió a recibir el premio.

Juan Patricio Maroni
Carlos A. Rincon
Susana Marco
Susana Moras
Eduardo Ruival
Hugo Gjurinovich
Hugo O. Miedan
Daniel Ibarra
Marta B Prieto
Ricardo A DE Biase
Augusto G. Rebagliati
Ruben Omar Salazar
Edgardo Sampallo
Nelly Dora Sosa de Cruz
Eva Ester Nuñez
Gerardo Strejilevich
Juan M. Herman
Elena Codan
BEATRIZ A. CORSIN
LUCIA A. NADIN
ALDO H. QUEVEDO
FACUNDO

Nombre y apellido
Firma del interesado
Impresión dígito pulgar

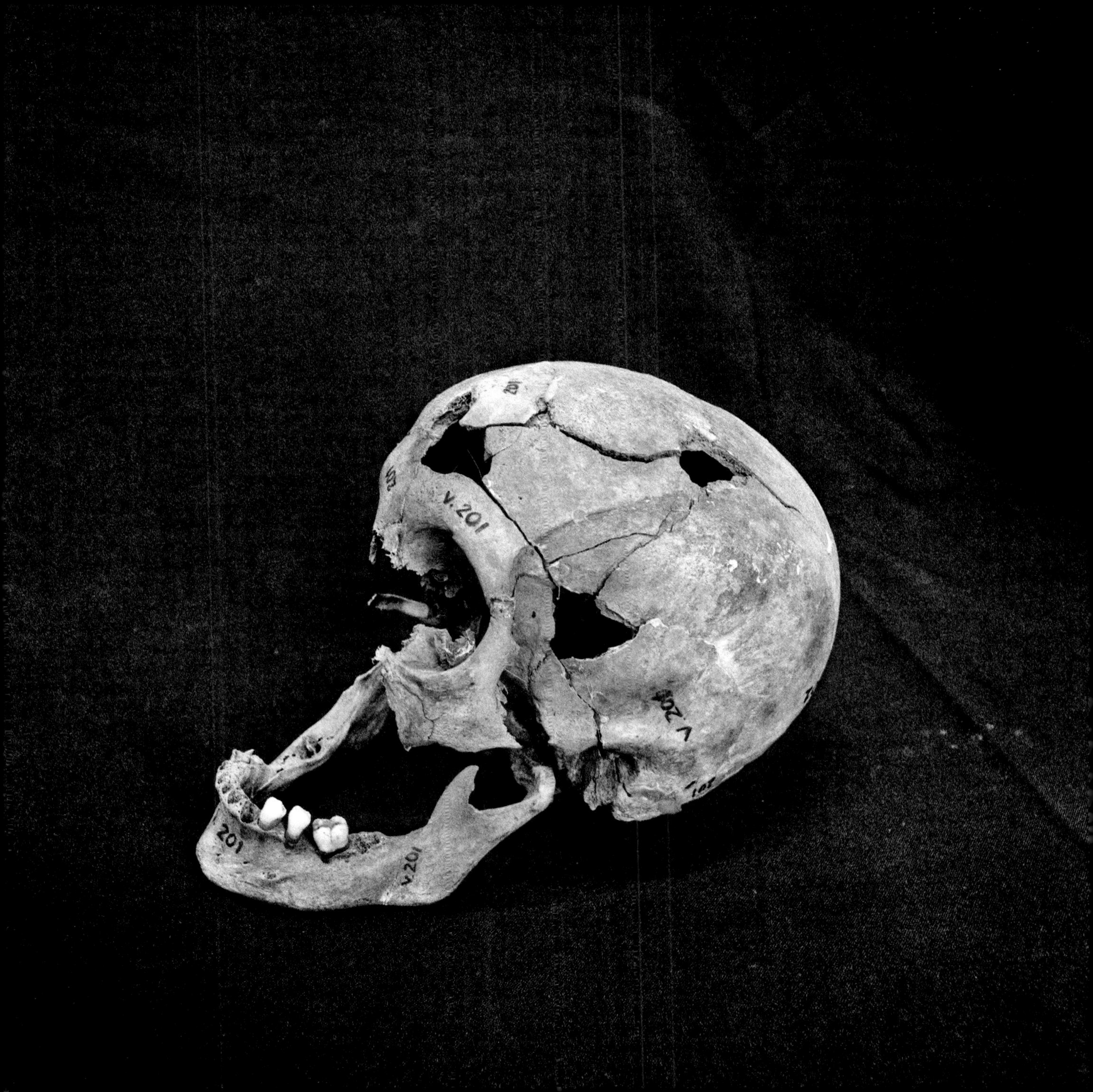
V.201
V.201
V.201

'Maria' Gutiérrez y Sonia Mora Gutiérrez

(N. 1932/1963, CHILE)

Alterneriana, a la que todos llaman María, y su hija Sonia viven en Valdivia, la pequeña ciudad del sur de Chile donde las conocí. Al principio dudaban en contar su historia tras haberla repetido tantas veces, pero acabamos hablando mucho.

María tenía 14 años cuando conoció a Sebastián Mora, 12 años mayor que ella; vivía con sus padres en un aserradero; contrajo matrimonio poco después de conocerlo. En 1969 se trasladaron a Chabranco, en la frontera con Argentina, cerca de un aserradero que acabó siendo escenario de discordia cuando el gobierno de Salvador Allende creó allí una maderera estatal en 1971. La empresa les ofrecía alojamiento, llevaban una tienda de comestibles y ella cuidaba de sus hijos, que llegaron a ser ocho. Chile vivía una efervescencia que inspiraba a movimientos de todo el mundo. En el sur del país, allí donde la cordillera de los Andes se sumerge en las frías aguas del Pacífico, los trabajadores se organizaban.

Al día siguiente de nuestro primer encuentro, salgo con María y con Sonia hacia Chabranco. Subimos por una serie de prados hasta el pie de los Andes, enormes y silenciosos. Sonia cuenta cómo su padre llegó a ser dirigente sindical y Fernando, el hijo mayor, ya trabajaba la madera cuando el 11 de septiembre de 1973 Pinochet instauró la dictadura. En las siguientes semanas los militares peinaron el país buscando a gente vinculada a Allende: detenciones, interrogatorios, ejecuciones, ocultación de cadáveres: era la «caravana de la muerte»..

El 9 de octubre de1973, después de días de bombardeos, llegaron a Chabranco camiones de las fuerzas armadas. Se llevaron a Sebastián *para declarar*, dijeron los militares. Otros 16 hombres fueron también convocados. Al partir, los camiones se atascaron en la carretera. Fernando fue a ayudar con una pala y preguntó a dónde iban. Según algunos testigos, la respuesta fue: *Si querés saberlo, sube y ven con nosotros*. Y así lo hizo.

Los militares fusilaron a los 18 hombres a pocos kilómetros de allí, en la localidad de Chihuio, y enterraron sus cuerpos tras cavar unas zanjas en un bosque. Al día siguiente Sonia escuchó cómo regresaban los camiones. Un soldado tiró la pala de Fernando, gritando: *Aquí tienen la pala, cabras de mierda*.

María, con 35 años y siete hijos a su cargo, recorrió los cuarteles y prisiones de la región, preguntando por su marido y su hijo. Un mes más tarde volvió a casa (donde Sonia, de 10 años, había quedado a cargo de sus hermanos) y empezó a trabajar como cocinera en la maderera. El administrador le permitía que diera comida a su familia. Durante años, los militares volvieron de vez en cuando, lo que mantuvo a la población sumida en el terror, silenciada con respecto a la masacre.

En 1976, la familia se vio obligada a trasladarse a Valdivia, donde la municipalidad le ayudó a pagar una casa y le proporcionó alimentos y medicamentos; asimismo, recibió el apoyo de la Cruz Roja, la Iglesia católica, Cuba y Estados Unidos. Aun así, Sonia tuvo que dejar los estudios y empezó a trabajar a los 13 años, con uno de sus hermanos, en la cosecha de remolacha. Era la única forma de pagar el préstamo obtenido para comprar la casa.

Entre 1978 y 1979, los militares abrieron secretamente las fosas comunes de Chihuio y exhumaron los cuerpos: era la operación Retiro de televisores, mediante la cual Pinochet hizo desaparecer las pruebas de los crímenes. Cuando se instauró la democracia, estos crímenes se investigaron hasta conseguir hallar las fosas.

Hoy, madre e hija luchan para saber lo que ocurrió con Sebastián y Fernando, y no descansarán hasta darles sepultura. Convertidas a una iglesia evangélica poco después de la masacre, dicen que Dios fue como un psicólogo que acudió en su ayuda. Antes de despedirnos, María me dijo, casi aliviada por conseguir hablar de nuevo y disipar un poco el dolor: *No querría morir sin saber qué sucedió. Es terrible, es imposible olvidar todo el daño que nos hicieron*.

'María' Gutiérrez y Sonia Mora Gutiérrez

(N. 1932/1963, CHILE)

Altermeriana, a la que todos llaman María, y su hija Sonia viven en Valdivia, la pequeña ciudad del sur de Chile donde las conocí. Al principio dudaban en contar su historia tras haberla repetido tantas veces, pero acabamos hablando mucho.

María tenía 14 años cuando conoció a Sebastián Mora, 12 años mayor que ella; vivía con sus padres en un aserradero; contrajo matrimonio poco después de conocerlo. En 1969 se trasladaron a Chabranco, en la frontera con Argentina, cerca de un aserradero que acabó siendo escenario de discordia cuando el gobierno de Salvador Allende creó allí una maderera estatal en 1971. La empresa les ofrecía alojamiento, llevaban una tienda de comestibles y ella cuidaba de sus hijos, que llegaron a ser ocho. Chile vivía una efervescencia que inspiraba a movimientos de todo el mundo. En el sur del país, allí donde la cordillera de los Andes se sumerge en las frías aguas del Pacífico, los trabajadores se organizaban.

Al día siguiente de nuestro primer encuentro, salgo con María y con Sonia hacia Chabranco. Subimos por una serie de prados hasta el pie de los Andes, enormes y silenciosos. Sonia cuenta cómo su padre llegó a ser dirigente sindical y Fernando, el hijo mayor, ya trabajaba la madera cuando el 11 de septiembre de 1973 Pinochet instauró la dictadura. En las siguientes semanas los militares peinaron el país buscando a gente vinculada a Allende: detenciones, interrogatorios, ejecuciones, ocultación de cadáveres: era la «caravana de la muerte».

El 9 de octubre de1973, después de días de bombardeos, llegaron a Chabranco camiones de las fuerzas armadas. Se llevaron a Sebastián *para declarar*, dijeron los militares. Otros 16 hombres fueron también convocados. Al partir, los camiones se atascaron en la carretera. Fernando fue a ayudar con una pala y preguntó a dónde iban. Según algunos testigos, la respuesta fue: *Si querés saberlo, sube y ven con nosotros*. Y así lo hizo.

Los militares fusilaron a los 18 hombres a pocos kilómetros de allí, en la localidad de Chihuio, y enterraron sus cuerpos tras cavar unas zanjas en un bosque. Al día siguiente Sonia escuchó cómo regresaban los camiones. Un soldado tiró la pala de Fernando, gritando: *Aquí tienen la pala, cabras de mierda*.

María, con 35 años y siete hijos a su cargo, recorrió los cuarteles y prisiones de la región, preguntando por su marido y su hijo. Un mes más tarde volvió a casa (donde Sonia, de 10 años, había quedado a cargo de sus hermanos) y empezó a trabajar como cocinera en la maderera. El administrador le permitía que diera comida a su familia. Durante años, los militares volvieron de vez en cuando, lo que mantuvo a la población sumida en el terror, silenciada con respecto a la masacre.

En 1976, la familia se vio obligada a trasladarse a Valdivia, donde la municipalidad le ayudó a pagar una casa y le proporcionó alimentos y medicamentos; asimismo, recibió el apoyo de la Cruz Roja, la Iglesia católica, Cuba y Estados Unidos. Aun así, Sonia tuvo que dejar los estudios y empezó a trabajar a los 13 años, con uno de sus hermanos, en la cosecha de remolacha. Era la única forma de pagar el préstamo obtenido para comprar la casa.

Entre 1978 y 1979, los militares abrieron secretamente las fosas comunes de Chihuio y exhumaron los cuerpos: era la operación Retiro de televisores, mediante la cual Pinochet hizo desaparecer las pruebas de los crímenes. Cuando se instauró la democracia, estos crímenes se investigaron hasta conseguir hallar las fosas.

Hoy, madre e hija luchan para saber lo que ocurrió con Sebastián y Fernando, y no descansarán hasta darles sepultura. Convertidas a una iglesia evangélica poco después de la masacre, dicen que Dios fue como un psicólogo que acudió en su ayuda. Antes de despedirnos, María me dijo, casi aliviada por conseguir hablar de nuevo y disipar un poco el dolor: *No querría morir sin saber qué sucedió. Es terrible, es imposible olvidar todo el daño que nos hicieron.*

Familiares de los desaparecidos de Calama, Chile

Vi a Vicky y a Violeta mucho antes de conocerlas; aparecen en la portada del libro *La caravana de la muerte*, del fotoperiodista español Gervasio Sánchez. En 2011, cuando me preparaba para volver a Chile, Bill Shipsey, de Amnistía Internacional, nos puso en contacto.

Violeta Berrio (primera por la derecha) nació en 1938 en los alrededores de Santiago, hija de un campesino, huérfana de madre desde muy pequeña. Vivía con una tía en la capital cuando, en una parada de autobús, conoció a Mario Argüelles, joven socialista de Calama; en 1966 se trasladó a esa localidad, por amor a Mario. Descubrió entonces que él tenía al menos una mujer más. Sin embargo, aceptó esta situación para poder seguir a su lado.

Victoria «Vicky» Saavedra (segunda por la derecha) nació en 1943 y creció en un campamento minero cerca de Iquique, en el norte de Chile. No había en aquel lugar más que enseñanza primaria, por eso sus padres la mandaron a un colegio bilingüe. Por aquel entonces ya se producían problemas en la mina.

Tras el ascenso de Pinochet al poder, la historia de ambas comienza a fundirse. Una semana después del golpe, Mario fue detenido en Calama, y justo después lo fue José, el hermano pequeño de Vicky. Ambos fueron torturados durante días, quemados con cigarrillos en las manos y en los brazos, golpeados, sufrieron simulaciones de fusilamiento y de asfixia. Comparecieron ante un consejo de guerra fueron enviados a sendos campos de concentración. Cuando el grupo militar la «caravana de la muerte» llegó a Calama, ambos esperaban un barco que los llevase desde Antofagasta a la Patagonia chilena.

Vicky y Violeta recuerdan llevar alimentos a diario a José y a Mario, pero no conseguían recuperar peso. El 19 de octubre, 26 presos fueron trasladados al desierto de Atacama, donde fueron fusilados y enterrados. Tras muchas preguntas acerca de los 26 desaparecidos, los militares alegaron que *habían intentado huir* y que al cabo de un año devolverían sus restos mortales. Ambas mujeres se conocieron a la puerta del tribunal al que iban en busca de noticias. La suya se convirtió en una lucha conjunta.

En 1985 Victoria se presentó voluntaria para presidir la Agrupación de detenidos desaparecidos y fusilados políticos de Calama; Vicky actuaba como secretaria. La presión sobre ambas aumentó e incluso las seguían por la calle. No obstante, empezaron a aparecer pistas que apuntaban al desierto. Comenzaron a ir en grupo por el Atacama, buscando un hueso, un diente, algo que ayudara a encontrar el paradero de la fosa común.

En 1986 realizaron la primera excavación. Las amenazas continuaron: llamadas telefónicas, cartas, incluso se intentó sacar al coche en el que viajaban fuera de la carretera cuando circulaban por el desierto. Vicky decidió enviar a sus hijos a estudiar en otra ciudad. El 23 de julio de 1990 se consiguió identificar una enorme fosa a poco más de 8 kilómetros de Calama. La noticia se extendió con rapidez, por lo que mucha gente se trasladó hasta allí, aunque ese hallazgo no se abordó de forma científica o judicial. Un compañero de Vicky le llevó un zapato con un pie momificado dentro, al que reconoció como el de su hermano. Así, consiguió llamar la atención de una juez.

Durante las excavaciones se llegó a la conclusión de que gran parte de los restos había sido exhumada por la dictadura durante la operación Retiro de televisores, para eliminar pruebas. De los restos hallados se realizaron pruebas de ADN. En 1995, Vicky y Violeta consiguieron identificar a sus dos familiares, lo que a día de hoy solo ha sucedido con 19 de las 26 víctimas. En el lugar donde se encontraba la fosa común hay una enorme cruz y un monumento en memoria a los asesinados.

Los parientes siguen reuniéndose, como una gran familia. Violeta, que tras haber perdido a su gran amor no volvió a juntarse con nadie más, me cuenta que siguen hablando de los desaparecidos como de «sus niños».

Vi a Vicky y a Violeta mucho antes de conocerlas; aparecen en la portada del libro *La caravana de la muerte*, del fotoperiodista español Gervasio Sánchez. En 2011, cuando me preparaba para volver a Chile, Bill Shipsey, de Amnistía Internacional, nos puso en contacto.

Violeta Berrio (primera por la derecha) nació en 1938 en los alrededores de Santiago, hija de un campesino, huérfana de madre desde muy pequeña. Vivía con una tía en la capital cuando, en una parada de autobús, conoció a Mario Argüelles, joven socialista de Calama; en 1966 se trasladó a esa localidad, por amor a Mario. Descubrió entonces que él tenía al menos una mujer más. Sin embargo, aceptó esta situación para poder seguir a su lado.

Victoria «Vicky» Saavedra (segunda por la derecha) nació en 1943 y creció en un campamento minero cerca de Iquique, en el norte de Chile. No había en aquel lugar más que enseñanza primaria, por eso sus padres la mandaron a un colegio bilingüe. Por aquel entonces ya se producían problemas en la mina.

Tras el ascenso de Pinochet al poder, la historia de ambas comienza a fundirse. Una semana después del golpe, Mario fue detenido en Calama, y justo después lo fue José, el hermano pequeño de Vicky. Ambos fueron torturados durante días, quemados con cigarrillos en las manos y en los brazos, golpeados, sufrieron simulaciones de fusilamiento y de asfixia. Comparecieron ante un consejo de guerra fueron enviados a sendos campos de concentración. Cuando el grupo militar la «caravana de la muerte» llegó a Calama, ambos esperaban un barco que los llevase desde Antofagasta a la Patagonia chilena.

Vicky y Violeta recuerdan llevar alimentos a diario a José y a Mario, pero no conseguían recuperar peso. El 19 de octubre, 26 presos fueron trasladados al desierto de Atacama, donde fueron fusilados y enterrados. Tras muchas preguntas acerca de los 26 desaparecidos, los militares alegaron que habían intentado huir y que al cabo de un año devolverían sus restos mortales. Ambas mujeres se conocieron a la puerta del tribunal al que iban en busca de noticias. La suya se convirtió en una lucha conjunta.

Familiares de los desaparecidos de Calama, Chile

En 1985 Victoria se presentó voluntaria para presidir la Agrupación de detenidos desaparecidos y fusilados políticos de Calama; Vicky actuaba como secretaria. La presión sobre ambas aumentó e incluso las seguían por la calle. No obstante, empezaron a aparecer pistas que apuntaban al desierto. Comenzaron a ir en grupo por el Atacama, buscando un hueso, un diente, algo que ayudara a encontrar el paradero de la fosa común.

En 1986 realizaron la primera excavación. Las amenazas continuaron: llamadas telefónicas, cartas, incluso se intentó sacar al coche en el que viajaban fuera de la carretera cuando circulaban por el desierto. Vicky decidió enviar a sus hijos a estudiar en otra ciudad. El 23 de julio de 1990 se consiguió identificar una enorme fosa a poco más de 8 kilómetros de Calama. La noticia se extendió con rapidez, por lo que mucha gente se trasladó hasta allí, aunque ese hallazgo no se abordó de forma científica o judicial. Un compañero de Vicky le llevó un zapato con un pie momificado dentro, al que reconoció como el de su hermano. Así, consiguió llamar la atención de una juez.

Durante las excavaciones se llegó a la conclusión de que gran parte de los restos había sido exhumada por la dictadura durante la operación Retiro de televisores, para eliminar pruebas. De los restos hallados se realizaron pruebas de ADN. En 1995, Vicky y Violeta consiguieron identificar a sus dos familiares, lo que a día de hoy solo ha sucedido con 19 de las 26 víctimas. En el lugar donde se encontraba la fosa común hay una enorme cruz y un monumento en memoria a los asesinados.

Los parientes siguen reuniéndose, como una gran familia. Violeta, que tras haber perdido a su gran amor no volvió a juntarse con nadie más, me cuenta que siguen hablando de los desaparecidos como de «sus niños».

POLÍCIA
FEDERAL

R.J. CO.

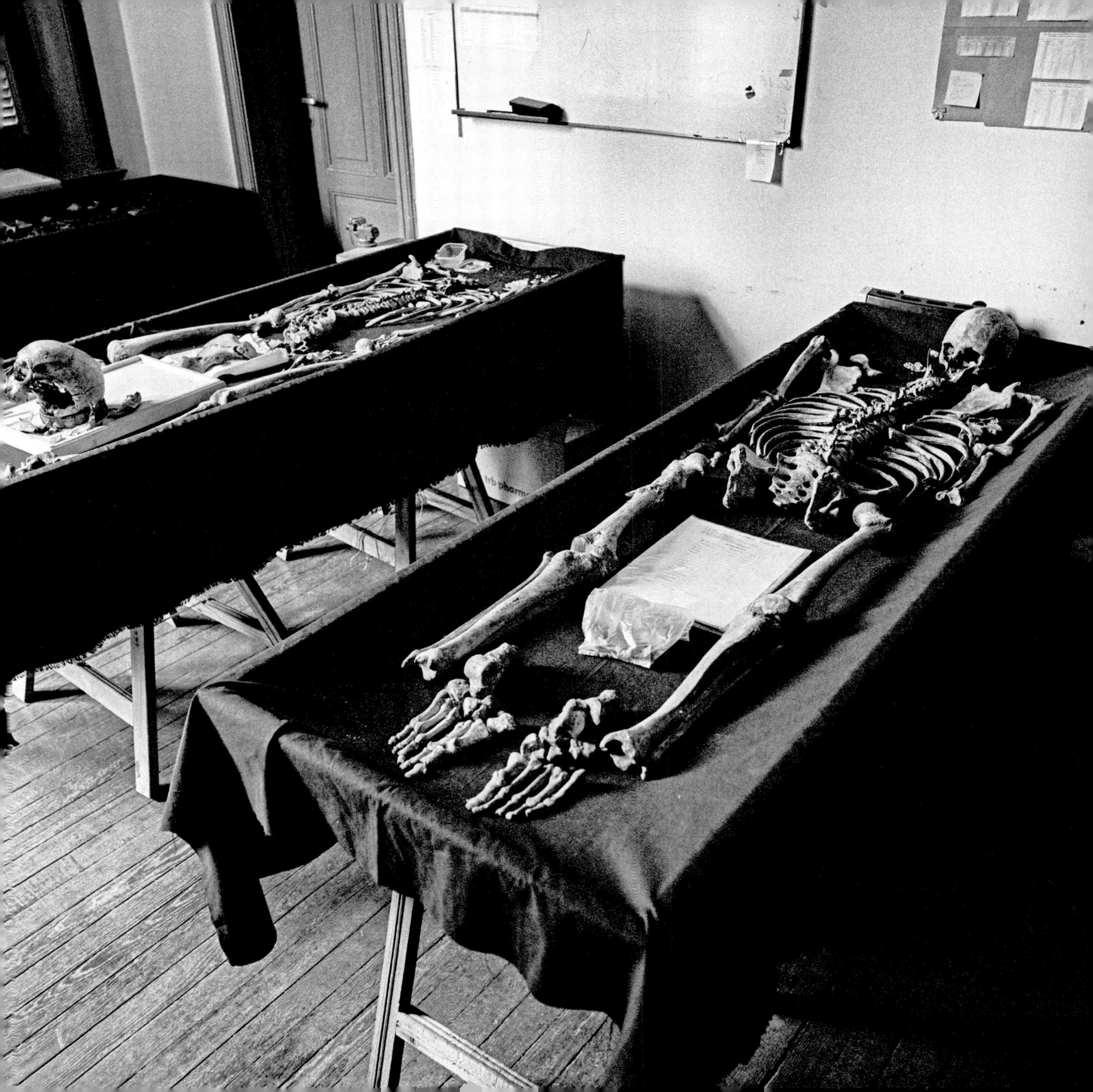

A4
9.10.91
ESQUELETO 21
D4-a
ESQUELETO 1
21.7.89
D4-a
ESQUELETO 9
21.7.89
A8
Esqueleto 5
A6-a
PRODUCCION ARGENTINA
MARIO CERVI e HIJOS S.A.
FLOR del VALLE S.A.C.I.A.yI.
B5
4.4.91
ESQUELETO 2
D4-a
ESQUELETO 4
D4-a
1.8.89
ESQUELETO 26
D4-a
7.8.89
ESQUELETO 29
CUAD: D4
8-8-89
Esqueleto 28
ELEGIDO

En mi primer viaje al Araguaia, en la Amazonia brasileña, todas las víctimas de la represión me hablaron del capitán «Curió», responsable de la victoria contra la guerrilla. Conseguí hablar con él después de que su biógrafo Leonêncio Nossa lo convenciera. Me recibió en su casa, un ejemplo de arquitectura de los años sesenta en un barrio elegante de Brasilia. Es un coronel retirado

Lo llaman «Curió» por el ave que lleva ese nombre, pequeña y peleona. Creció en São Sebastião do Paraíso, Minas Gerais, con el recuerdo de cómo uno de sus primos que combatió en la Segunda Guerra Mundial lo llevaba a hombros. Así decidió que quería ser militar.

Durante la dictadura trabajó en la sección de inteligencia de la Presidencia de la República. Estuvo en el DOI-CODI (Destacamento de Operaciones de Información-Centro de Operaciones de Defensa Interna) y después en el CIE (Centro de Información del Ejército), a lo que él llama las «SS brasileñas».

En 1972 llegó al sur de Pará, donde destacó como ejecutor de la Operación Sucuri, que aniquiló a la guerrilla local. Formó una red de 32 infiltrados haciéndose pasar por el ingeniero agrónomo Marco Luchini. Creó también un grupo de guías que nunca lo abandonó: les concedió terrenos, poder, servicios y protección del gobierno. A cambio, compró su silencio, hasta hoy. Con ellos aprendió a caminar por la selva llevando como provisiones vitaminas, sopa y leche en polvo. Con agua y caza, no era necesario nada más.

En esa operación fueron capturados cerca de 80 guerrilleros, 41 fueron fusilados y 18 cayeron en combate. De los 59 muertos, apenas 2 cuerpos han sido identificados. El dictador Emílio Médici ordenó que la operación fuese completamente secreta. La represión de una guerrilla maoísta podía ensombrecer el «milagro» que vivía Brasil, en parte gracias a sus relaciones comerciales con China.

Durante los combates, la temida guerrillera Sónia hirió a «Curió» con un tiro en el brazo. La valentía con la que lucharon aquellos «jóvenes idealistas» los hace dignos de recibir un entierro con honores militares.

Sebastião Rodrigues de Moura 'Curió'

(N. 1934, S. SEBASTIÃO DO PARAÍSO, MINAS GERAIS, BRASIL)

Se trata de un hombre lleno de contradicciones. Al conceder terrenos y servicios sanitarios a la población, dejó a la izquierda sin banderas. Por otro lado, sus hombres obligaron a trabajar como guías a decenas de campesinos, secuestraron a sus mujeres para usarlas como esclavas sexuales y, cuando se puso precio a la cabeza de los guerrilleros, empezaron a aparecer cuerpos decapitados. Los guías venían con las cabezas a reclamar el dinero.

Una vez exterminada la guerrilla, la dictadura ordenó a «Curió» la misión de resolver conflictos con el Movimento dos Sem Terra; también organizó el servicio de seguridad para la extracción de minerales preciosos (*garimpo* en portugués), en la Serra Pelada, la mayor mina de oro a cielo abierto del mundo, con 30.000 trabajadores. Además de ser diputado, fundó su propia ciudad, «Curionópolis», cuya prefectura ejerció con mano de hierro.

En el contexto del Plan Cóndor, estuvo en Argentina para entrenar a los militares en técnicas de represión, y en Chile y en Uruguay, para recabar información. En Paraguay transportó armas para la dictadura de Alfredo Stroessner y colaboró en la captura de guerrilleros, también brasileños, que más adelante fueron asesinados. Fue él quien consiguió para Stroessner la residencia en la que vivió al exiliarse, en el mismo barrio de Brasilia en el que nos hallamos.

Me pareció un hombre solo, en lucha con sus fantasmas. Se declara anticomunista, aunque no radical. Reconoce los excesos de ambas partes y asegura que muchas cosas tendrían que haber sido distintas. *Torturar al pueblo fue un error. Teníamos que ganárnoslos, no torturarlos. Nos equivocamos al emplear la fuerza.*

Considera que la derecha falló, que el gobierno de hoy está «en el bando equivocado», el de los «comunistas». Con servicios tales como las becas familiares o las becas de estudios, afirma que *temporalmente, han ganado ellos...*

En mi primer viaje al Araguaia, en la Amazonia brasileña, todas las víctimas de la represión me hablaron del capitán «Curió», responsable de la victoria contra la guerrilla. Conseguí hablar con él después de que su biógrafo Leonêncio Nossa lo convenciera. Me recibió en su casa, un ejemplo de arquitectura de los años sesenta en un barrio elegante de Brasilia. Es un coronel retirado.

Lo llaman «Curió» por el ave que lleva ese nombre, pequeña y peleona. Creció en São Sebastião do Paraíso, Minas Gerais, con el recuerdo de cómo uno de sus primos que combatió en la Segunda Guerra Mundial lo llevaba a hombros. Así decidió que quería ser militar.

Durante la dictadura trabajó en la sección de inteligencia de la Presidencia de la República. Estuvo en el DOI-CODI (Destacamento de Operaciones de Información-Centro de Operaciones de Defensa Interna) y después en el CIE (Centro de Información del Ejército), a lo que él llama las «SS brasileñas».

En 1972 llegó al sur de Pará, donde destacó como ejecutor de la Operación Sucuri, que aniquiló a la guerrilla local. Formó una red de 32 infiltrados haciéndose pasar por el ingeniero agrónomo Marco Luchini. Creó también un grupo de guías que nunca lo abandonó: les concedió terrenos, poder, servicios y protección del gobierno. A cambio, compró su silencio, hasta hoy. Con ellos aprendió a caminar por la selva llevando como provisiones vitaminas, sopa y leche en polvo. Con agua y caza, no era necesario nada más.

En esa operación fueron capturados cerca de 80 guerrilleros, 41 fueron fusilados y 18 cayeron en combate. De los 59 muertos, apenas 2 cuerpos han sido identificados. El dictador Emílio Médici ordenó que la operación fuese completamente secreta. La represión de una guerrilla maoísta podía ensombrecer el «milagro» que vivía Brasil, en parte gracias a sus relaciones comerciales con China.

Durante los combates, la temida guerrillera Sônia hirió a «Curió» con un tiro en el brazo. La valentía con la que lucharon aquellos «jóvenes idealistas» los hace dignos de recibir un entierro con honores militares.

Sebastião Rodrigues de Moura 'Curió'

(N. 1934, S. SEBASTIÃO DO PARAÍSO, MINAS GERAIS, BRASIL)

Se trata de un hombre lleno de contradicciones. Al conceder terrenos y servicios sanitarios a la población, dejó a la izquierda sin banderas. Por otro lado, sus hombres obligaron a trabajar como guías a decenas de campesinos, secuestraron a sus mujeres para usarlas como esclavas sexuales y, cuando se puso precio a la cabeza de los guerrilleros, empezaron a aparecer cuerpos decapitados. Los guías venían con las cabezas a reclamar el dinero.

Una vez exterminada la guerrilla, la dictadura ordenó a «Curió» la misión de resolver conflictos con el Movimento dos Sem Terra; también organizó el servicio de seguridad para la extracción de minerales preciosos (garimpo en portugués), en la Serra Pelada, la mayor mina de oro a cielo abierto del mundo, con 30.000 trabajadores. Además de ser diputado, fundó su propia ciudad, «Curionópolis», cuya prefectura ejerció con mano de hierro.

En el contexto del Plan Cóndor, estuvo en Argentina para entrenar a los militares en técnicas de represión, y en Chile y en Uruguay, para recabar información. En Paraguay transportó armas para la dictadura de Alfredo Stroessner y colaboró en la captura de guerrilleros, también brasileños, que más adelante fueron asesinados. Fue él quien consiguió para Stroessner la residencia en la que vivió al exiliarse, en el mismo barrio de Brasilia en el que nos hallamos.

Me pareció un hombre solo, en lucha con sus fantasmas. Se declara anticomunista, aunque no radical. Reconoce los excesos de ambas partes y asegura que muchas cosas tendrían que haber sido distintas. *Torturar al pueblo fue un error. Teníamos que ganármoslos, no torturarlos. Nos equivocamos al emplear la fuerza.*

Considera que la derecha falló, que el gobierno de hoy está «en el bando equivocado», el de los «comunistas». Con servicios tales como las becas familiares o las becas de estudios, afirma que temporalmente, han ganado ellos...

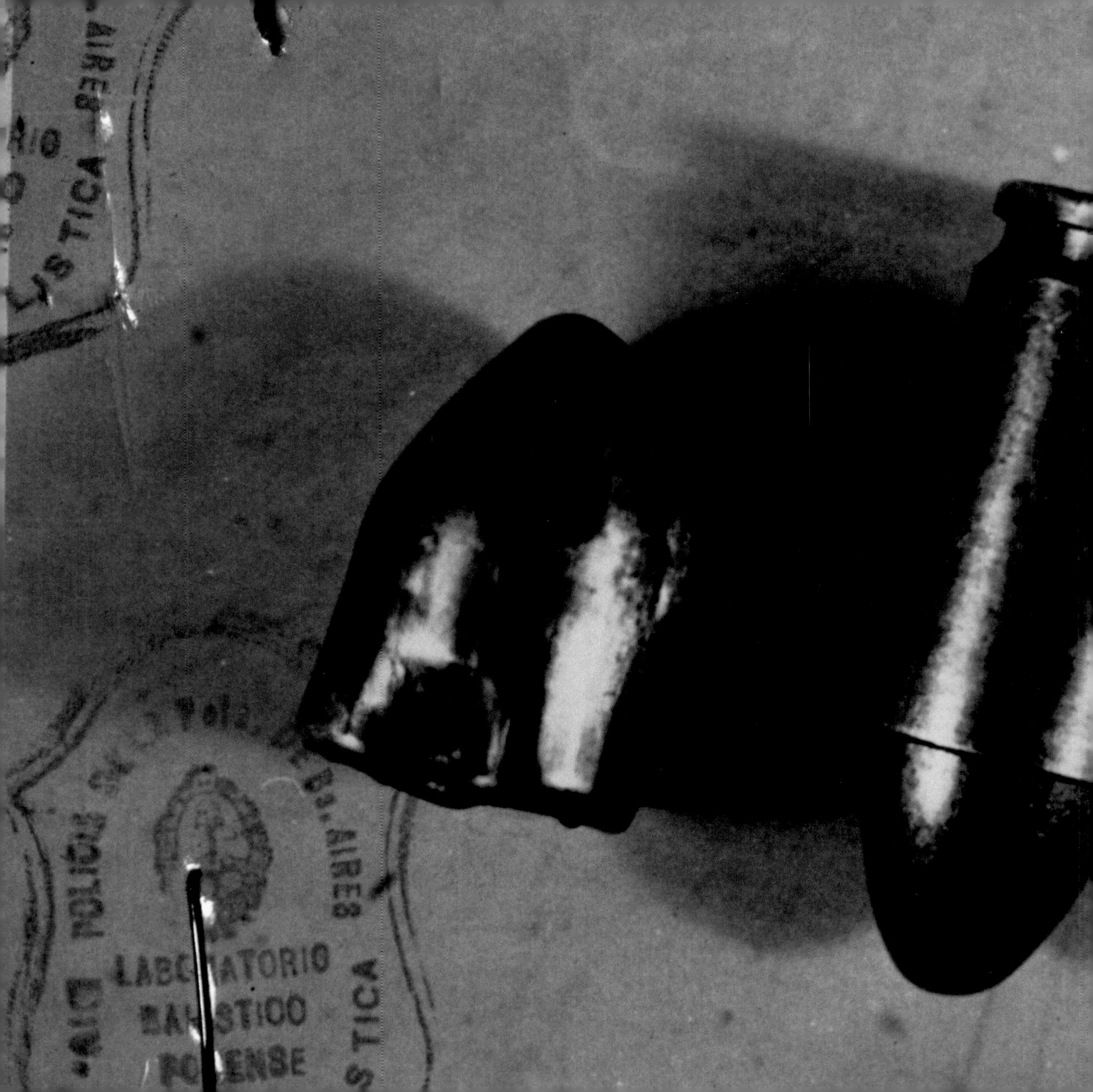

LiDER
150
EXECUTIVE

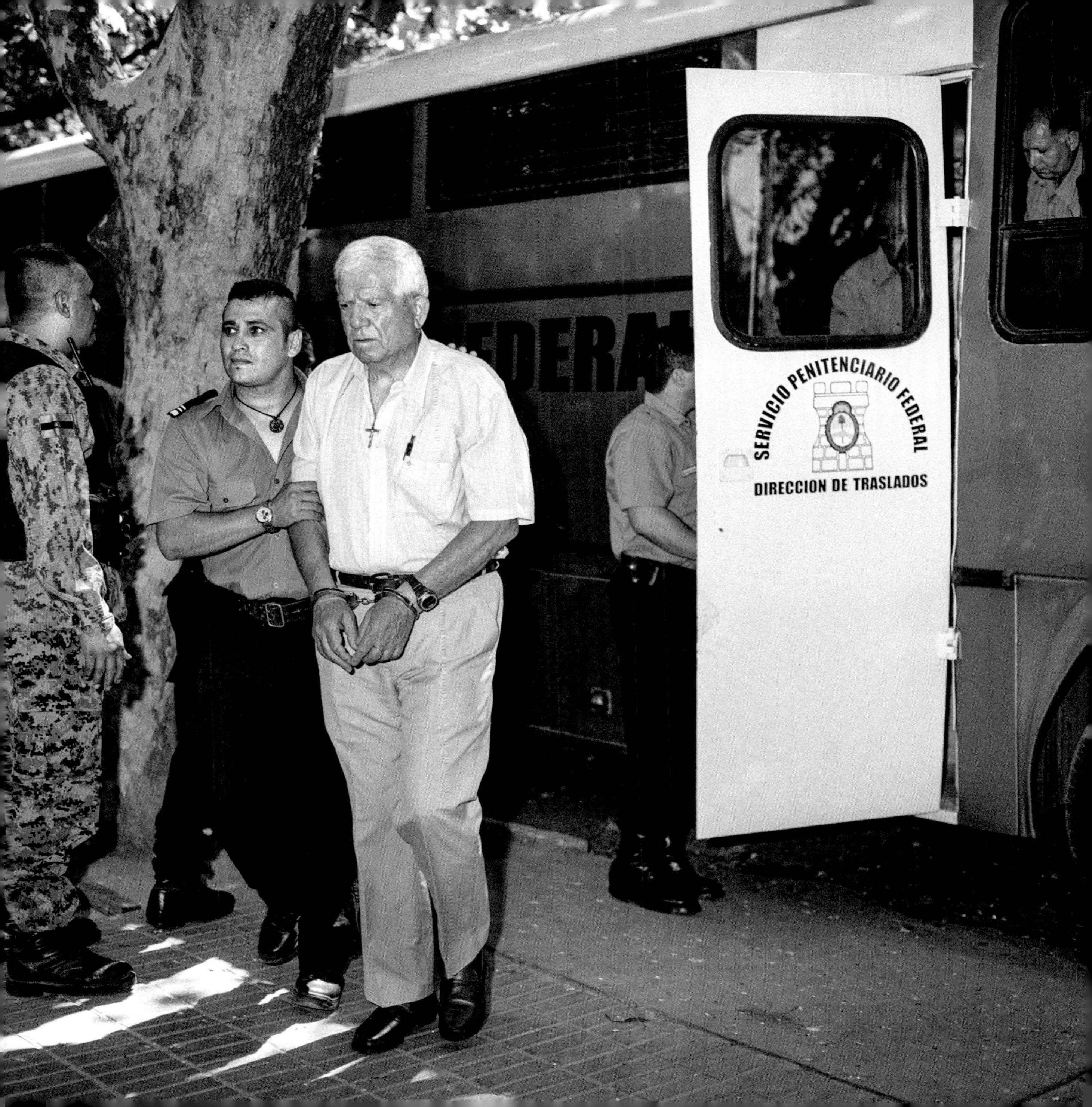
FEDERAL
SERVICIO PENITENCIARIO FEDERAL
DIRECCION DE TRASLADOS

ELLE

KEVINGSTON

CACHO SCARPATI
18-2-1977

NOW
POWER
HANDLING

LOS DERECHOS DE LAS VÍCTIMAS

Baltasar Garzón *Magistrado Juez*

Del cóndor a los drones

El sueño de la Patria Grande latinoamericana, acuñado por Bolívar, San Martín, Belgrano y Güemes, tuvo su contracara en la realidad del denominado Plan Cóndor, una diabólica operación de inteligencia coordinada desde la CÍA y las dictaduras militares latinoamericanas destinada a eliminar a los movimientos de izquierda en la región, a través de la detención, eliminación y desaparición de líderes políticos, sindicales o sociales de países como Argentina, Chile, Paraguay. Uruguay, Bolivia o Brasil, entre otros.

El terrorismo de Estado se instaló en Latinoamérica y sembró el terror, la desaparición forzada de personas, las ejecuciones sumarias, la tortura y el robo de niños; la coordinación regional de la represión alcanzó niveles nunca imaginados, que hoy se investiga en algunos países, mientras que en otros, como Brasil, se desarrollan esfuerzos para hacerlo; sin embargo, en algunas naciones, esas actuaciones permanecen ocultas bajo losas de silencio oficial e impunidad. Es curioso, pero a todo tipo de hechos, como los acontecidos en Latinoamérica y a los que responde el excelente trabajo de Joao, acompaña la cobardía de los que los auspiciaron, que mostraron su fuerza en la agresión y en su imposición de silencio, pero no al responder sobre los crímenes perpetrados.

Este Cóndor de terror, que se contrapone a la belleza del ave que le da nombre, desplegó sus alas más allá de los Andes, hacia el norte, hundiendo sus garras en México, y dirigió sus acciones más allá del océano Atlántico, hasta hacerse con presas en España, Italia o Francia. Aquel ejemplo nefasto de la Escuela de las Américas en Panamá, desarrollado en el Cono Sur, con reiteradas masacres en el mar de la impunidad, se reproduce hoy día, sin el mínimo pudor, en todo el mundo y con diferentes actores (al menos, en parte) pero responde a un mismo esquema de violación y anulación de los límites del estado de derecho.

Acciones tales como los traslados ilegales de prisioneros por parte de la CÍA a centros de detención clandestinos en los que son secuestrados, torturados o forzados a desaparecer, sin ningún tipo de control más que el derivado, de hecho, de la voluntad de quien dispone esas acciones; drones (aviones no tripulados) que eliminan, a control remoto y en forma, en ocasiones selectiva, en otras indiscriminadamente, a personas muchas veces ajenas al conflicto, a miles de kilómetros de donde se inicia la acción ilícita; espionajes masivos en países democráticos, en aras a la protección de unos supuestos derechos que se desconocen paladinamente, son prácticas habituales que se justifican con la necesidad de perseguir el terrorismo y que, en realidad, no son sino ejemplos del fracaso de un sistema que no ha sabido poner en práctica una seguridad que responda a las necesidades democráticas de los ciudadanos y no a la de los que nos dirigen.

La historia real y la oficial

En este mundo al revés, la impunidad borra toda crónica diferente de la oficial; históricamente han existido intentos de eliminar la realidad, desde el olvido inducido, como si no hubieran existido el genocidio, las masacres o las desapariciones forzadas de personas, hasta el olvido ordenado por ley, mediante amnistías, condonaciones de penas o indultos, so pretexto de garantizar la estabilidad política cuando en verdad lo que se buscaba es garantizar la impunidad.

Mientras tanto, las víctimas siguen siendo las grandes olvidadas en la mayoría de los países del mundo; a ellas se les arranca de cuajo su derecho humano a la verdad, la justicia y la reparación integral y constituyen las víctimas en sentido estricto y amplio, porque cuando se trata de crímenes de esta naturaleza (de guerra, genocidio o lesa humanidad), víctimas somos todos, universal y localmente. El concepto universal de víctima es un principio arraigado en el derecho penal internacional y de los derechos humanos. Eso hace que la lucha contra la impunidad sea obligación de todos, porque todos somos los afectados: la indiferencia de unos pocos nos marca a todos.

Verdad judicial, verdad histórica

La Declaración Universal de los Derechos Humanos es el proyecto más claro en la historia de la humanidad en el que los gobernantes del mundo acuerdan que el respeto a las garantías de todos los derechos de los ciudadanos del mundo sea la regla, aunque el desconocimiento de esa Declaración a lo largo de estos años también ha estado presente con demasiada frecuencia.

El siglo xx, que fue testimonio del ocaso, debilitamiento y quiebra de las ideologías con pretensiones universales y que soportó las mayores cotas de impunidad, descubrió que el único lenguaje común que perdura hasta hoy es el de los Derechos Humanos; en una época de dimensiones planetarias, económicamente global y al borde del abismo, así como políticamente inestable, donde comienzan a verse situaciones y reacciones que parecían superadas, los Derechos Humanos se convierten en referentes que la humanidad necesita. En este contexto, en los últimos 16 años la justicia también ha adquirido una dimensión universal frente a violaciones consolidadas y masivas de los Derechos recogidos en aquella Declaración y de los que empiezan a perfilarse los nuevos derechos de la humanidad, entre ellos los denominados de tercera generación y de la Naturaleza.

Sin embargo, para mirar hacia el futuro debemos tener perfectamente definido el pasado, y como afirma Richard Goldstone, cada país ha de hacer frente a su propia historia y conocer qué tipo de justicia quiere. Adoptar la regla del olvido y la impunidad supone un error de proporciones enormes, porque una «sociedad se fortalece a sí misma reconociendo lo que aconteció en un momento de su historia, así como los hechos que propiciaron su ruptura y la sumisión a la voluntad del dictador. Y, en ese sentido, no son el silencio y el olvido, ni la impunidad surgida de esa impúdica unión, los que deben prevalecer en la memoria de un pueblo, sino las decisiones que hicieron posible la verdad, la justicia y la reparación de quienes sufrieron la represión y el dolor por parte de quienes tenían la obligación de protegerles y no lo hicieron» (Garzón, B., «El lugar de la Verdad, la justicia y la reparación». *El País*, Madrid, 2012).

Alguien ha dicho que la «verdad jurídica», en cualquier ámbito, es tan sólo un producto secundario de un mecanismo de solución de diferencias. Sin embargo, aunque esto se pueda compartir cuando se trata de resolución de casos individuales, ya sea en lo civil o en lo criminal, sin más aspiración que la de conformar un archivo judicial que sirva de referente y precedente para solucionar otros casos, la cuestión se vuelve más compleja conforme la verdad se refiere a crímenes cometidos de forma organizada. Así, no puede ser algo secundario la conservación de los archivos y la memoria de los casos judiciales que integraron el mayor ataque judicial contra la corrupción en Italia a través de la conocida operación Mani Pulite; o del caso Watergate, en Estados Unidos; o del maxiproceso contra la mafia en Palermo (Sicilia), o de la lucha legal y democrática contra el terrorismo, etc., como tampoco puede serlo cuando los casos que se investigan se refieren a la persecución de crímenes internacionales (de genocidio, contra la humanidad, de guerra) y contra el derecho humanitario. La verdad judicial deja de ser un producto secundario y se convierte en un elemento fundamental de la verdad histórica y, por ende, de la memoria colectiva de un pueblo, hasta el punto de representar en algunos casos la certeza de la misma (Archivos del Tribunal de Núremberg, Archivos de los Tribunales Penales Internacionales ad hoc, como los de Yugoslavia, Ruanda o Sierra Leona) o en el caso de los Tribunales especializados como los de Justicia y Paz, en Colombia, en el ámbito de la denominada Justicia Transicional. Esta nueva dimensión es acorde a los objetivos fijados por el propio derecho penal internacional que aspira a convertir a esos tribunales en puntos de referencia en la definición, persecución y sanción de estos crímenes.

Desde mi punto de vista, esos objetivos tienen un componente de prevención general que trasciende la mera declaración de la culpabilidad o la inocencia de algunos individuos y abarcan fines más elevados, como contribuir al «restablecimiento y mantenimiento de la paz» o al «proceso de reconciliación nacional», hasta luchar contra la impunidad, disuadir o prevenir con respecto a violaciones futuras, satisfacer las necesidades de las víctimas y hacer valer sus derechos, eliminando del escenario político a actores nocivos, reponiendo no solo el principio de legalidad sino el componente ético y responsable de la propia sociedad y de las instituciones que integran el auténtico estado de derecho.

Por supuesto, no hay que olvidar que, en estos casos, la justicia penal es en sí misma un elemento fundamental de la reparación a la que tienen derecho las víctimas, de ahí que su correcta determinación, en lo general y en lo particular, adquiera una importancia trascendente. No se trata solo de acertar, sino además de convencer que la institucionalidad ha llevado a cabo todo lo necesario para resarcir a las víctimas con una pronta respuesta a sus anhelos de justicia y de verdad por parte de los órganos judiciales ante quienes reclamaron la restitución de sus derechos. «Los objetivos también abarcan el efecto simbólico y ritual que produce el juicio penal en comunidades divididas, y permiten desplazarse de la culpa de la comunidad hacia la responsabilidad individual, reconstruir identidades nacionales a partir de interpretaciones del pasado mediante el análisis y los procesos jurídicos penales, y dejar constancia de los hechos históricos con un sello jurídico». (Naqvi, Y., «El derecho a la verdad en el derecho internacional: ¿realidad o ficción?». *International Review on the Red Cross*, Ginebra, 2006).

En estos casos, obviamente, la acción de la justicia y, por ende, la verdad judicial que se forma con ella, no solo por medio de la sentencia sino con todo el proceso previo (especialmente en los supuestos en los que no haya juicio por incidencia procesales o materiales), contribuye de forma decisiva a combatir la impunidad y, con ello, nuevamente, satisface un derecho de las víctimas y transforma la realidad histórica oficial, bien por medio de la derogación o desconocimiento de esas normas de impunidad, bien con la consecución de que las Cortes internacionales así lo declaren. Son muchos los casos en los que estos Tribunales se han pronunciado en contra de las normas o leyes de impunidad, como ocurrió en la Corte Interamericana de Derechos Humanos en Perú, que anuló las leyes de amnistía del periodo Fujimori, en los casos Barrios Altos y la Cantuta en 2002; o en la sentencia de 27 de noviembre de 2010 al anular la ley de amnistía de Brasil en el Caso de la Guerrilla Araguaia; o bien la sentencia de la Cámara de Apelaciones del Tribunal Especial de Sierra Leona en el caso Kondewa de 2004, o la sentencia del Tribunal Constitucional de Sudáfrica en el caso de AZAPO (Azanian People's Organisation) entre otras muchas; o al confirmar la Corte Suprema la anulación de las leyes de Obediencia Debida y Punto Final en la época del presidente Néstor Kirchner en Argentina.

Son muchos los que, siguiendo la idea kantiana de justicia, consideran que «La verdad y el error... solo pueden encontrarse en un juicio», y que la imagen contemporánea de una justicia internacional y universal para los crímenes más graves, como derecho de las víctimas, hace honor a la idea que exige «el respeto a los Derechos Humanos de cualquier persona, viva donde viva o se la conozca poco o mucho, simplemente porque es un ser humano, capaz de servirse de la razón y, por tanto, digna de respeto» (Sandel, Michael J., *Justicia. ¿Hacemos lo que debemos?*, Debate, Madrid, 2011). «Digo que el hombre, y en general cualquier ser racional, existe como un fin en sí mismo. No meramente como un medio para el uso arbitrario por esta o aquella voluntad» (fundamentación de Kant, citado por Sandel en la misma obra). Es decir, es la dignidad la que diferencia a los seres racionales de las cosas y, en el marco que hoy nos ocupa, esa dignidad se ve reflejada y es la base de aquel derecho fundamental de las víctimas a la justicia y por tanto contra la impunidad, que tiene sentido si, como decía Kant, al formular su imperativo categórico, la humanidad se toma como un fin: «Actúa de manera que trates a la humanidad, sea en tu persona o en la de cualquier otro, siempre, al mismo tiempo, como fin, nunca como medio» (fundamentación de Kant, citado por Sandel en la misma obra).

Sin embargo cuando nos enfrentamos al dilema de la persecución penal de los crímenes internacionales, como medio de búsqueda de la verdad, o la impunidad, surge el rechazo por amplios sectores de la sociedad que sustentan la afirmación en una serie de argumentos instrumentales tales como la necesidad de olvidar, la de pasar página, la dificultad que para el Estado comportan estos hechos o la tozudez de las víctimas al exigir justicia. Sin embargo, la historia reciente demuestra que ninguna sociedad se rompe por la aplicación de la justicia, sino todo lo contrario. Y son esas tesis negacionistas y las construcciones formalistas que amparan la distorsión ilegítima del registro histórico en busca del olvido y la justificación de prácticas criminales que tanto daño causan a la humanidad las que constituyen el verdadero peligro de que los fenómenos se reproduzcan. «Es un error terrible el de aquellos países que han tratado de olvidar su historia, su pasado, porque cuando eso sucede, y la gente simplemente sigue adelante con su vida, es cuando aparecen la venganza y el odio» (Garzón, B., «El lugar de la Verdad», *El País*, Madrid, 2012).

En definitiva, verdad, justicia y reparación son el trípode sobre el que debe basarse una sociedad democrática para consolidarse como tal, no solo en los casos en los que se hayan sufrido los rigores de la represión o de la violación masiva de Derechos Humanos, sino como reconocimiento del carácter de víctima universal que todos tenemos frente a este tipo de crímenes.

Reconstruir la verdad no es tarea fácil, ni para la justicia (verdad judicial) ni para los historiadores (memoria histórica). Ni una ni otra son o representan una idea simple o aislada. Se trata de realidades complementarias, porque la primera necesita para su configuración de una elaboración de lo que podríamos llamar los contextos históricos, sociológicos, políticos, religiosos, sociales, etc., para que la acción de los jueces en su búsqueda de esa verdad procesal tenga verosimilitud al aproximarse a lo que realmente sucedió, es decir, a la verdad histórica; y esta precisa de aquella porque el elemento de coerción legal que conlleva ayudará a quienes la elaboran a definir esos contextos. En ambos casos, la complejidad será la regla y, por ello, resulta imprescindible analizar todos y cada uno de los aspectos y matices que integran lo sucedido: para ello es imprescindible no solo la memoria subjetiva de las víctimas y los victimarios, con la tendencia natural a deformar la realidad, bien por el propio peso del dolor o por interés en ocultar la culpa o disminuirla, respectivamente, sino también la reconstrucción de la verdad objetiva a través de los estudios y trabajos de analistas o expertos en conservación de archivos y documentos, antropólogos, médicos forenses, arqueólogos, historiadores, sociólogos u otros expertos que transforman la simple verdad subjetiva en algo más objetivo con una vocación colectiva o general.

De lo anterior se desprende que la verdad judicial es parte de la memoria histórica, y esta es una parte fundamental, por el contexto, de aquella. De modo que la verdad judicial difícilmente puede tener un sentido y alcance reales cuando prescinde en su elaboración de estos aspectos.

Ese es el gran problema de muchos de los procesos que se han seguido en diferentes países a la hora de abordar las investigaciones de crímenes masivos, bien en el marco de la justicia ordinaria como en el de la denominada justicia transicional. La ausencia de perspectiva global o universal, equivalente a la masividad de los crímenes cometidos, ha establecido un desequilibrio que, de una u otra forma, ha contribuido a la impunidad y, en todo caso, ha evitado la efectividad de la acción judicial, más atenta al formalismo mal interpretado de unas normas más formalistas que formales, y ha impedido la construcción de contextos para evitar que se dimensionara en toda su extensión el fenómeno acontecido.

En este sentido, la omisión del Estado o la imposición del mismo en la prohibición de persecución de los crímenes de genocidio o contra la humanidad, en tiempo real, no solo ha generado impunidad de hecho o de derecho a través de amnistías o por leyes de perdón general, sino que también ha impedido que existiera una posibilidad de que la verdad judicial se configurara adecuadamente, al disponer de uno de los elementos que le son básicos, la proximidad de las pruebas y de los actores. Es por ello que, en la mayoría de los casos se ha tenido que elaborar la verdad judicial en unas condiciones muy adversas, con lejanía de las fuentes de prueba, dilatada en el tiempo o de los propios escenarios del conflicto, a través de la aplicación del principio de jurisdicción universal o de tribunales internacionales, con graves dificultades para la materialización de las investigaciones y práctica de las pruebas.

Esta realidad influye, se quiera o no, a la hora de determinar la verdad judicial y otorga una relevancia especial a los mecanismos cooperadores y más característicos de la verdad histórica no judicial. Es decir, normalmente los jueces y fiscales, a la hora de enfrentarse a una investigación por crímenes contra la humanidad, se encuentran alejados de las fuentes de prueba, ya sea espacial o temporalmente (salvo en los casos a los que más adelante haré mención, al hablar de la justicia transicional).

Un ejemplo válido para ello lo representan los tribunales internacionales. Ninguno de ellos, salvo contadas excepciones, se ubica en el territorio en el que se cometieron los crímenes; a pesar de la obligación que conllevan las investigaciones, lo cierto es que, transcurrido un tiempo, por intereses particulares de los propios gobernantes, la cooperación se hace cada vez más estrecha y difícil. En el caso reciente de Libia y las investigaciones contra Gadafi y sus colaboradores por parte de la Corte Penal Internacional (CPI), mientras que los rebeldes fueron rebeldes, su cooperación era proactiva; por el contrario, una vez instalados en el poder, negaron absolutamente su participación e incluso llevaron a prisión a los investigadores enviados por la fiscalía de la CPI; en el caso del denominado Ejército de Resistencia del Señor, en Uganda, conforme se aproxima la posibilidad de un acuerdo político con el mismo, se aleja e incluso se repudia la acción de la CPI, con lo cual desaparece la posibilidad de verdad judicial respecto de esos crímenes horrendos.

Otro tanto sucede cuando la actuación judicial se aborda desde el ámbito de la jurisdicción universal sobre hechos que, en los respectivos países, no se catalogan como crímenes perseguibles o su persecución está salvada por leyes de amnistía o de perdón. En estos casos, por una parte, existe ausencia de investigación contemporánea y, por otro, la prohibición posterior y una investigación lejana que, o bien no es reconocida en el país respectivo a efectos oficiales y por ende sin posibilidad de acceso a las fuentes de prueba, o bien afecta a un país que no solo niega la existencia del hecho criminal, sino que a día de hoy continua propiciando activamente la impunidad. Es el caso de países como China respecto del genocidio tibetano, que niega el hecho mismo (en España se sigue un procedimiento penal en aplicación del principio de jurisdicción universal contra autoridades chinas de la época, por delito de genocidio, que vera su clausura con la reforma que el Partido Popular auspicia en el parlamento y que supondrá el ocaso de la Jurisdicción Universal en España); o el de Turquía, respecto al genocidio armenio (no fue hasta 1985 que la ONU reconoció dicho genocidio, mientras que en 2007 la Comisión Europea y el Parlamento Europeo condenaron la subsistencia del artículo 301 del código penal turco, que castiga la mera mención de ese hecho y por el que centenares de intelectuales fueron condenados hasta que fue derogado en agosto de 2010); o el de España, respecto a los crímenes franquistas, cuya investigación fue prohibida por el Tribunal Supremo en 2012, a pesar de que todos los organismos de Naciones Unidas que han inspeccionado la situación de España en materia de derechos humanos, han coincidido en la necesidad de investigar y reparar; o el de El Salvador, respecto a los crímenes cometidos durante la guerra que nunca se investigaron (aunque ahora la Corte Constitucional, por primera vez, 2014, ha dictado sentencia en la que se obliga al Fiscal a investigar estos crímenes de lesa humanidad); o en Marruecos, respecto al genocidio del pueblo saharaui (respecto del cual, se sigue procedimiento penal en España, en aplicación del principio de jurisdicción universal). En todos estos casos, la posibilidad de averiguar la verdad judicial en el país de origen es muy limitada o nula, y con ello se niegan a las víctimas las dos primeras virtudes de la actividad humana, la verdad y la justicia (Rawls, J., *Teoría de la Justicia*, Fondo de Cultura Económica, México, 2011), que caen en la transacción horrenda del poder y del olvido.

Los mecanismos propios de la verdad histórica o de recuperación de la memoria activa han servido de base a los casos en los que se ha intentado llevar ante la justicia a los responsables de los crímenes cometidos de forma masiva o selectiva en un tiempo muy anterior a la fecha de su enjuiciamiento. No fue el caso del Tribunal de Núremberg, o el de la antigua Yugoslavia o Ruanda (tampoco han despreciado estos mecanismos), pero sí el de Camboya, Argentina (tras el juicio a las Juntas Militares, cuya ejecución quedó truncada por las leyes de Obediencia Debida y Punto Final), Chile, España, Guatemala, y quedan pendientes otros en los que, hasta la fecha, se ha impuesto la solución política, salvo las iniciativas basadas en la jurisdicción Universal (Marruecos y el Sahara, El Salvador, China y el Tíbet, entre otros).

En definitiva, nos hallamos en la encrucijada que siempre se presenta cuando se analizan los crímenes internacionales, atroces, masivos, contra la humanidad o genocidio. «Como una especie de fantasma, levita siempre el espectro de la impunidad, la "necesidad" de olvidar, de pasar página, la dificultad que para el Estado comportan estos hechos, la "tozudez" de las víctimas para exigir justicia. Frente a este falso dilema recurrente, no debería de existir la mínima duda de que los perpetradores han de rendir cuentas, con todas las garantías, ante la justicia» (Prólogo de Baltasar Garzón a la obra, *Crímenes de lesa humanidad en la Argentina. De la Cultura de la impunidad a la inexorabilidad del juicio*, Ramos Padilla, A. Fabián J. Di Plácido Editor, Argentina, 2011).

Para conseguir que ambas verdades se aproximen, se debe transformar la verdad judicial en una verdad colectiva e integral que dé más sentido a la justicia y a la reparación, porque cuando se trata de dar respuesta a la ejecución de crímenes masivos con una aspiración de reparación integral y sostenible de las víctimas, la justicia no puede pretender cumplir su labor con la respuesta meramente individual, sino que tiene la obligación ineludible de configurar un espacio mayor que integre el ámbito estrictamente procesal con el restaurativo por medio de una suerte de reparación colectiva de forma integral que precisa de la voluntad de los participantes, superando la tendencia natural de los victimarios a negar (Argentina, Chile, Guatemala, El Salvador, antigua Yugoeslavia) o a deformar la verdad, tratando de justificar lo que ocurrió (Colombia). Esa comunión se consigue con el desarrollo de un sistema mixto propio de la denominada justicia transicional, la cual no está exenta de críticas y dificultades, pero que se impone, al menos en algunos escenarios límite, como mecanismo de superación del conflicto que la motiva.

Del dolor infinito a las sonrisas de esperanza

En el 2013 se inició en Argentina el juicio a algunos responsables del Plan Cóndor, hecho histórico en la aplicación de la Justicia trascendiendo las fronteras de Argentina, Chile, Brasil y Uruguay. En este procedimiento judicial, los argentinos son minoría entre las víctimas de las desapariciones forzadas que cometieron las Fuerzas de Seguridad argentinas dentro y fuera del país, lo que demuestra la estrecha colaboración que existía entre las dictaduras del Cono Sur en su objetivo común de hacer desaparecer a los opositores políticos. Si bien este proceso es el inicio de un largo camino, no deja de marcar un hito regional en la lucha contra la impunidad. Estos avances judiciales son una demostración de que, poco a poco, se pierde el «respeto» o «miedo» a sentar en el banquillo a determinadas autoridades. Se toma conciencia de que la ley es igual para todos y de que no hay inmunidad que valga. Sin duda, nos encontramos con trabas en relación a hechos ocurridos en el pasado; es preciso recordar que estamos aplicando conceptos nuevos, y los inicios son siempre difíciles. No obstante, especialmente Argentina está sentando bases muy sólidas para el futuro, para que el NUNCA MÁS sea una realidad definitiva.

Por supuesto queda mucho por hacer, pero no por ello debemos dejar de apreciar los avances experimentados en este ámbito y la buena evolución de los acontecimientos, aunque todavía hay ejemplos negativos en las más altas esferas judiciales uruguayas, brasileñas, guatemaltecas o españolas, entre otras, que no perciben la necesidad de saldar con justicia, verdad y reparación esa tremenda deuda histórica que existe con los miles y miles de víctimas que dieron su vida por desear un mundo mejor. Es esa insensibilidad la que, favoreciendo a unos pocos victimarios, daña a la generalidad de los ciudadanos, que se enfrentan a una realidad que desconoce oficialmente sus derechos.

A pesar de todo, se deben continuar los esfuerzos por vencer a los que sostienen la impunidad. Es un camino difícil en el que toda ayuda es poca, de ahí la importancia del compromiso de renovación generacional en la denuncia y el activismo contra la lacra que debe trascender pueblos y naciones, y superar la indiferencia. Los movimientos sociales de protesta y de exigencia de responsabilidades políticas a dirigentes democráticos, por aquello que no han hecho, que recorren el mundo en los últimos tiempos debe servir de «aviso a navegantes»: el arrecife de la impunidad y de la corrupción está ahí, siempre al acecho y dispuesto a quebrar el casco, siempre frágil, de los Derechos Humanos.

La lucha contra la impunidad debe ser un compromiso ético, de todos frente a todos, y no es solo responsabilidad del propio Estado, sino también de cada ciudadano, para conseguir una paz justa y sostenible y, con ello, la garantía de no repetición del fenómeno. Solo a través del conocimiento de la verdad histórica, de su análisis y de la verdadera comprensión de los motivos que llevaron a la sociedad a ese punto de conflicto puede garantizarse que no vuelva a ocurrir. La reflexión profunda de qué ocurrió y por qué nos permite identificar el riesgo y frenarlo a tiempo. En definitiva, la verdad nos proporciona las herramientas para evitar la repetición de hechos tan dramáticos como los que ha vivido Latinoamérica y otras muchas regiones del mundo.

Cualquier esfuerzo es necesario; todas las energías son precisas para que las miradas tristes y de dolor infinito que reflejan las impresionantes fotografías de João Pina en este libro imprescindible se conviertan en sonrisas de esperanza.

Buenos Aires, 8 de febrero de 2014

LA SOMBRA DEL CÓNDOR

João Pina

En el año 2005, mientras terminaba mi primer libro, *Por Teu Livre Pensamento*, en el que retrataba a 25 antiguos presos políticos portugueses, descubrí la existencia del Plan Cóndor, una operación secreta que en 1975 unió, en pleno auge de la Guerra Fría, a seis países latinoamericanos (Argentina, Bolivia, Brasil, Chile, Uruguay y Paraguay) en los que imperaban regímenes militares de extrema derecha. El objetivo de estos países era aniquilar a su oposición política, a la que denominaban «amenaza comunista» o «los subversivos», a través del intercambio de información, de recursos, técnicas de tortura y presos políticos.

Este fue el motivo por el que, en ese mismo año, volví a aquella región por la que había empezado a interesarme ya unos años antes. Fui a Brasil y allí investigué y documenté durante algunas semanas las historias de personas que se vieron directamente afectadas por la dictadura militar en general, y por el Plan Cóndor en particular.

Por mi familia conozco los efectos que un largo régimen dictatorial puede tener en la sociedad y en las víctimas directas de los abusos de los opresores, lo que hizo persistir mi curiosidad lo suficiente como para llegar a la conclusión de que estas experiencias podían y debían tener una existencia visual. De esta forma decidí usar la fotografía, que es mi lenguaje, para observar a las víctimas del Cóndor. Durante los siguientes ocho años, cámara en una mano y grabadora en la otra, pude entrar brevemente en la vida de algunas personas a las que les pedí que compartiesen conmigo tanto sus experiencias como los lugares en los que vivieron experiencias realmente terribles.

Durante estos años, al principio de forma intermitente, aproveché los viajes que realizaba para cumplir encargos de varias publicaciones internacionales en la región quedándome después de haber terminado, lo que me permitió hablar con varias personas, comprender los detalles y las principales diferencias entre aquellas dictaduras, así como entre los procesos de democratización que les siguieron. Una vez instalado en Argentina, pude ver de cerca el sufrimiento de muchos de los familiares de las víctimas que siguen sin saber lo que sucedió a sus seres queridos. Los estados criminales, liderados por los más altos cargos militares, atropellaron todos los tratados sobre el acceso a la justicia o a un abogado defensor y ejecutaron cobardemente a miles de personas, negándoles a sus familias incluso el derecho de velar a sus muertos. No obstante y hasta el día de hoy, la mayor parte de los responsables de las muertes y desapariciones forzadas no han comparecido ante la justicia.

He sido testigo también de cómo algunos de los supervivientes y familiares lidian con traumas profundos, que van desde la depresión aguda a estados de paranoia y otros problemas psíquicos menos visibles, pero que en cualquier caso han cambiado la vida de varias generaciones. Miles de personas luchan todos los días en silencio contra los fantasmas del pasado y sus sombras.

Casi todos los estados involucrados deniegan incluso hoy uno de los derechos humanos más elementales, el derecho de la víctima a ser reconocida como tal. No bastan las campañas de propaganda electoral de algunos partidos que, para llegar al poder, enarbolan la bandera de los derechos humanos; tampoco basta que algunos de los antiguos revolucionarios ocupen hoy un sillón presidencial. Es necesario un sentimiento de plena justicia. En el ámbito jurídico, es preciso juzgar y condenar a todos aquellos que irrefutablemente participaron en crímenes de lesa humanidad, algo que solo se lleva a cabo ahora mismo en Argentina. En el ámbito económico, el estado debería asumir las indemnizaciones de las víctimas y sus familiares, tanto por los crímenes cometidos como por los traumas causados. Finalmente, en un ámbito moral e histórico, esos estados hoy democráticos deberían asumir públicamente los errores del pasado. Para conseguirlo, es necesario investigar todas las desapariciones, crear programas de memoria histórica y educación pública y, por supuesto, una reeducación y refundación de las fuerzas armadas. Creo que esta es la única forma de evitar que situaciones como la del Plan Cóndor se repitan en el futuro bajo cualquier otra bandera.

Todavía hoy, desde la selva amazónica brasileña hasta las tierras heladas de la Patagonia, miles de víctimas siguen enterradas en fosas no identificadas. Las fotografías aquí reunidas forman parte de un proyecto que intenta rendir un homenaje a todas las víctimas de las dictaduras que gobernaron esta región con mano de hierro.

En 2011 regresé a Europa durante algún tiempo después de seis años de trabajo. Puesto que no tenía medios económicos para terminar el proyecto, recurrí a tres campañas de *crowdfunding*, con las cuales conseguí recaudar los fondos necesarios. Gracias a la inmensa generosidad de mis *backers*, entre 2011 y 2012 pude pasar casi 25 semanas en los seis países que cubre mi proyecto, dedicándome a él en exclusiva.

Por desgracia, las violaciones de los derechos humanos siguen siendo una constante en la región. Durante todos estos años y gracias a otros trabajos realizados para periódicos y revistas internacionales, pude dedicarme también a estudiar el legado de las dictaduras en las democracias adultas de Sudamérica: retraté la violencia extrema relacionada con el narcotráfico que se vive en las favelas de Río de Janeiro, los abusos de la policía en Argentina o Paraguay, así como las dificultades de acceso a los servicios más elementales tales como educación, salud pública, alimentación, transporte y vivienda digna en toda la región. Son temas a los que he dedicado y seguiré dedicando mucho tiempo, concentrándome en la fotografía.

Este libro no solo reúne mis fotografías. Me apoyo en textos que fui escribiendo a partir de largas entrevistas y también dediqué parte de mi tiempo a buscar, analizar y reproducir varios documentos gráficos y de texto que me inspiraron enormemente. Espero que las imágenes que resultaron de todo esto, que se publican ahora en forma de libro y que serán expuestas en lugares públicos en el futuro, así como en una página web dedicada al tema, puedan contribuir de alguna forma a crear una memoria visual de esta historia. Me interesa que las generaciones futuras puedan acceder al corpus de mi trabajo, pero también que este pueda servir como material para los grupos de supervivientes y organizaciones de defensa de los derechos humanos, ayudándoles en su largo camino para que comparezcan ante la justicia los responsables por tantos crímenes contra la humanidad.

Buenos Aires, 25 de marzo de 2014

joao@joao-pina.com

$ 5,70
Capital, GBA y La Plata
Recargo por envío al interior
Córdoba, Santa Fe, Entre Ríos,
La Pampa y Buenos Aires $ 1,00
Resto del país $ 1,50
Recargo con Corriere della Sera $ 3
Año 143 | Número 50.580
Atención al lector: 5199-4777

LA NACION

lanacion.com
Buenos Aires, viernes 6 de julio de 2012

EL CEPO CAMBIARIO • NUEVAS MEDIDAS DEL BANCO CENTRAL

Aumentan las restricciones para la compra de dólares

Oficializan la prohibición de adquirirlos para ahorrar y pesifican los créditos destinados a vivienda

El Gobierno oficializó ayer la prohibición de comprar dólares destinados a ahorrar en esa moneda, una medida que venía aplicando de hecho la Administración Federal de Ingresos Públicos (AFIP) pese a no contar hasta ahora con norma alguna que la avalara.

El acto de sinceramiento lo asumió el Banco Central (BCRA), cuyas reservas en divisas no dejan de caer, aunque apelando a un eufemismo: mediante una nueva modificación normativa declaró "suspendido" el acceso al mercado cambiario legal para los que no declaren un destino específico, es decir, que sólo pretendan atesorar esos dólares.

Esta opción ya había quedado vedada desde el 14 de junio, cuando la AFIP retiró de su página de Internet, por la que deben aprobarse desde hace nueve meses todas las compras, la posibilidad de hacerlas con ese fin. Aunque la restituyó apenas unos días más tarde (para no dar evidencias a la Justicia de su irregular metodología), desde entonces mantuvo pendientes las respuestas a los pedidos recibidos. Ahora que el BCRA regularizó la prohibición, se cree que todos esos pedidos serán rechazados de plano.

La entidad monetaria resolvió además que, de ahora en adelante, tampoco podrán convertirse a dólares los préstamos hipotecarios destinados a la compra de vivienda. Se estipuló un período de gracia hasta el 31 de octubre para que las operaciones ya [illegible] puedan concretarse.

Mientras se mantiene el régimen de compra de divisas para viajar al exterior, el BCRA incorporó la posibilidad de que puedan comprarlas familiares directos de quienes, durante su estadía fuera del país, enfrenten algún inconveniente, como robo de dinero o problemas de salud que requieran auxilio.

El Gobierno también obtuvo ayer del BCRA más fondos ($ 74.000 millones en lo que va del año) para pagar deudas y [illegible]

CRITICA SITUACION EN BUENOS AIRES

Daniel Scioli

→ **Sueldos desdoblados.** Scioli necesita que la Legislatura apruebe por ley el pago en cuotas del aguinaldo.

→ **Deudas.** Intenta reprogramar todas las acreencias de la provincia y cortar contratos.

→ **Empleados.** Pediría la autorización para jubilar anticipadamente a funcionarios públicos.

Scioli busca autorización para ampliar los recortes

Negocia que se declare *por ley* la emergencia económica provincial

MARIA JOSE LUCESOLE
CORRESPONSALIA LA PLATA

LA PLATA.– Agobiado por la falta de fondos, el gobernador Daniel Scioli quiere declarar la emergencia económica y financiera en la provincia de Buenos Aires y empezó ayer a negociar un proyecto de ley que le otorgaría a su administración amplias facultades para tomar drásticas medidas de ajuste.

Según un borrador entregado ayer a LA NACION, Scioli pedirá a la Legislatura provincial autorización para ejecutar pagos escalonados del aguinaldo a los 550.000 empleados públicos, jubilar compulsivamente a personal prescindible, rescindir todo tipo de contratos u obligaciones, reprogramar todas las deudas provinciales, pagar en bonos a proveedores y crear un holding de empresas estatales para reducir costos en la obra pública.

La ministra de Economía bonaerense, Silvina Batakis, confirmó la existencia del plan, aunque no habló de su contenido: "Estamos proponiendo una ley de emergencia para hacer reasignaciones presupuestarias y hacer más eficientes los recursos".

A diferencia de la ley de emergencia económica sancionada en 2001, la propuesta de Scioli no incluye la creación de cuasimonedas, según dijo a LA NACION

Continúa en la Pág. 8, Col. 1

AEROPARQUE

Otro día de reclamos y demoras en vuelos

Ante las vacaciones, se agrava la crisis

El conflicto gremial con los controladores aéreos en el Aeroparque porteño, que ayer provocó nuevos trastornos, cubre de incertidumbre los vuelos programados para las próximas vacaciones de invierno, que comienzan dentro de 10 días.

Las compañías aéreas recibieron la sugerencia del Gobierno de reducir las operaciones a sólo seis vuelos por hora como estrategia para descomprimir la tensión con los controladores, que desde hace varios días hacen medidas de fuerza sorpresivas. Lo habitual en la operatoria actual del Aeroparque son veinte vuelos por hora.

Ayer, como ocurrió en los últimos días, cientos de pasajeros sufrieron complicaciones para viajar. Hubo cancelaciones de vuelos –ocho de LAN y uno de Aerolíneas Argentinas–, demoras y reprogramaciones que provocaron un gran malestar entre los viajeros. Varios aviones fueron obligados a desviarse a Rosario, Córdoba y Mar del Plata.

Operadores de la torre de control dijeron a LA NACION que no es "un paro", sino acciones para denunciar las condiciones de seguridad "desastrosas" en las que opera el aeroparque Jorge Newbery. Por la tarde, tras una reunión con los controladores, el ministro Randazzo dijo que "la situación ya se normalizó". Pág. 15

HISTORICA SENTENCIA

Mientras escuchaba la sentencia, Videla mantuvo una mirada inexpresiva; a su lado Bignone, que recibió 15 años de condena
HERNAN ZENTENO

Videla fue condenado a 50 años de prisión por el robo de bebes

Para la Justicia fue responsable de un plan para apropiarse de niños nacidos en cautiverio

HERNAN CAPPIELLO
LA NACION

El ex presidente de facto Jorge Rafael Videla fue condenado anoche a 50 años de prisión por idear y ejecutar un plan sistemático y generalizado para robar y ocultar bebes nacidos en cautiverio durante la última dictadura milit[illegible] realizados contra los jefes del régimen militar porque es la primera vez que la Justicia consideró que existió un plan para hacer desaparecer a los hijos de los detenidos ilegalmente.

Curtido ya por las dos condenas a reclusión perpetua que recibió (una en Córdoba y otra en la causa XIII, de 1985), Videla [illegible] que se le unificaban las sentencias en una pena única de reclusión perpetua. Tras el fallo se levantó encorvado, extendió las manos para que lo esposaran y volvió a su calabozo. Llevaba un traje azul.

El otro presidente de la última dictadura que estaba entre los acusados, Reynaldo Bignone, recibió una condena de [illegible]

OPINION

A pesar de todo, España sí puede

JOHN CARLIN
EL PAIS

BARCELONA.– La alegría y el orgullo que sienten los españoles ante el triunfo de su selección de fútbol, y la cascada de halagos con la que el mundo entero ha respondido al equipazo que aplastó a Italia el domingo para coronarse campeón de Europa, han tenido su sobria respuesta en estos días. España goza de buen circo, nos recordaron los realistas, los cabezas duras, ¿pero dónde está el pan?

La pregunta no es injusta. España también es campeona de Europa del desempleo, con la cuarta parte de la población sin trabajo, y a los bancos los ahogan las deudas tras inflar el globo hipotecario alegremente durante una década hasta que un día reventó. La austera medicina que exige Alemania a cambio de acudir [illegible] ha dado como resultado

AGRADECIMIENTOS

En primer lugar quiero dar las gracias a todos los que aceptaron ser entrevistados y fotografiados. Además, en cada uno de los países en los que he trabajado, he contado con el apoyo fundamental de varias personas que me permitieron investigar, obtener autorizaciones, fotografiar, llegar a varios lugares y entender las historias que escuchaba.

En Argentina: Rolando Andrade, Adriana Arce, Hugo Cañón, Ana María Careaga, Octavio Carsen, Abel Córdoba, Ana Cotter, Guillermo David, Marta Dylon, Sofía Engaña, Jorge Ferro, Joaquín Frías Alejandro Inchaurregui, Paula Luttringer, Chicha Mariani, Diego Martínez, Maco Somigliana, Leandro Villaro, Pablo Yadarola, Hernán Zenteno y Carlos Zorzoli.

En Bolívia: Álex Ayala, Carloto Cotta, Loyola Guzmán, Sonia Flores y Antonia de la Vega.

En Brasil: Priscila Arantes, Amparo Araújo, Cid Benjamim, Frei Betto, Sezostrys Costa, Igor Gielow, Salvador Gonçalves da Silva, Gilles Gomes, Micheas Gomes de Almeida, Lucas Ferraz, Vitor Ferreira, Paulo Fonteles Filho, Jair Kirchke, Samarone Lima, Ivan Marx, Diógenes Moura, Leonêncio Nossa, Maurice Politi, Elzita Santa Cruz, Lauro Santos y Ivan Seixas.

En Chile: Pascale Bonnefoy, Lucrecia Céspedes, Manuel Delano, Maxine Lowy, Tomás Munita, Ida Sepúlveda, Hernán Plaza, Sergio Pérez, Osvaldo Tello, Ana Yueng y Pepe Zalaquet.

En Uruguay: Raquel Carinhas, Julio Marenales, Sara Méndez y Roger Rodríguez.

En Paraguay: Marta Almada, Jesús Álvarez Rey, Rogelio Goiburu, Gladys de Sanneman Jorge Saenz y Federico Tatter.

Este proyecto no sería el mismo sin las magníficas imágenes de época amablemente cedidas por los fotógrafos Aurelio González, Nancy Urrutia, Cyro Giambruno y José Luis Sosa en Uruguay, Luis Navarro en Chile, así como por los archivos públicos de la Comisión Provincial por la Memoria el Juzgado Federal n.º 1 de La Plata, Argentina, y el Archivo del Terror en Paraguay.

Agradezco muchísimo el apoyo de las siguientes personas en mi acción de *crowdfunding*: Anita Amadeo, Ana Amorim, Jon Lee Anderson, Brenda Ashton, Joana Azevedo, Capucine Bailly, Diana Barlett, Alexei Barrionuevo, Rita Barros, Tommaso Barsali, Alexandre Belém, Karim Ben Khelifa, Andrew Benson, Jeroen Berkenbosch, Ryan Besford, Pedro Bexiga, Stefania Biondi, Phil Block, Marcelo Borges, David Brabyn, Hélène Breant, Guillaume Brice, Pete Brook, Ryan Calder, António Calpi, Pedro Campilho, Patrícia Campos, Fabio Caramelli, Máximo Cargnelutti, Héctor «Pájaro» Carril, Herculana Carvalho, Arantxa Cedillo, Chiara Colombo, Elisa Colombo, Teresa Conde, Nelson D'aires, Mary de Jes, Nuno de Sousa, Maciej Deker, Isabelle Delavallade, Fanuel Dewever, Laura el-Tantawy, Rodrigo Eliseu, John Ellis, Amparo Escobedo, José Fernandes, Miguel Fernandes, Stephen Ferry, Álvaro Costa, Lutz Fischmann, Patrícia Fonseca, Tiago Freire, José Freitas Ferraz, Filipa Freitas, Joaquín Frias, Mariela Furrer, João Gama, Manuel Garcia, Igor Gielow, Christopher Gift, Paul Giguere, João Pedro Gonçalves, Gonçalo Guedes Cardoso, Neil Harris, Patrick Hascoet, Lina Haskel, João Henriques, Holly Hughes, James Hunt, Sylvie Ingelbert, Joel Keister, Lidwine Kervella, Marcy and Mike Kirsch, Alejandra Krebser, Julie Kubal, Eva Maria Kunz,

Gwen Lafage, Lauren Lancaster, Bertil Leidner, Pedro Letria, Alexandra Lucas Coelho, Henrique Machado, Lucila Mantovani, Cristina Margato, João Pedro Marnoto, Alexandra Marques, Xavier Mas de Xaxas, Pedro Matos, José Meneses, Alessandro Montazzoli, Paulo Moura, Núria Muñoz Roy, Raimundo Narciso, Francisco Nogueira, Koni Nordmann, Paulo Nunes dos Santos, Cali Ocampo, Luciana Ogando, Neil Osborne, Juan Peces, Luís Pina, Ana Pina, Pedro Pina, Alexandra Fonseca Pinho, Johann Pintiaux, Jorge Pinto, John Pitsakis, Rui Poças, Alexandre Pomar, Catarina Portas, Bruno Portela, Rosário Prata, Ai Quah, João Carvalho, Rafal Rakoczy, Martim Ramos, Bruno Rascão, Patrícia Reis, Tiago Reis, Leandro Ribeiro, Fernando Ricardo, Alexa Rivero, Luca Rocco, Alda Rocha, Sandra Rocha, Vergílio Rocha, Marcel Saba, Gonçalo Santos, Anderson Schneider, Kristina Shevory, Kelly Shimoda, Bill Shipsey, Jorge Simão, Jared Soares, Carlos Sol Silva, Amélie Sourget, Ana Sousa Dias, Inês Sousa, Vinod Sreeharsha, Normal Stockwell, Ana Taborda, Álvaro Tamayo, Herwig Timm, Dan Torres, Pablo Torres Lacal, Andreas Trampe, Luís Vasconcelos, Gonçalo Ventura Ribeiro, Giulietta Verdon-Roe, Nuno Vieira Matos, Valter Vinagre, Filipa Vinha, Enric Vives-Rubio, Lars Willumeit, Samson Yee, Andy Young y Hernán Zenteno.

También quiero dar las gracias a varias personas que a lo largo de todos estos años me concedieron algo de su tiempo, realizando críticas constructivas y ofreciendo consejos sabios e inspiración: Chris Anderson, Tina Ahrens, Karim Ben Khelifa, Maciej Dekert, António Júlio Duarte, Marion Durand, Ruth Eichhorn, Paul Fittipaldi, Neil Harris, Magdalena Herrera, Whitney Johnson, Pedro Letria, Susan Meiselas, Harald Menk, Guillaume Pazat, Miguel Ribeiro Fernandes, Sandra Rocha, Jackson Saul, Barbara Stauss, Jamie Welford y Rui Xavier.

Hay además unas cuantas personas que, de forma muy especial, no solo me ofrecieron su amistad, sino que además contribuyeron enormemente a que este libro se convirtiese en una realidad. Le doy las gracias a Jon Lee Anderson por su estupendo prólogo; a Elisabeth Biondi, por los miles de fotografías que me ayudó a ver y editar así como por guiarme cuando estaba perdido; a Leopoldo Blume, mi editor en España, y a Bárbara Bulhosa, mi editora en Portugal, por la valentía que muestran al publicar un libro difícil en tiempos tan complicados como los que corren en el mercado editorial;, a Pedro Serpa, por el diseño gráfico que fuimos desarrollando a lo largo de un año, y por su paciencia con mi indecisión; a Alexandra Lucas Coelho, por los consejos y los ánimos, así como por su paciencia infinita al cortar y reescribir mis textos, seguramente ilegibles si no fuera por sus manos de oro; a Baltasar Garzón, que consiguió encontrar el tiempo para escribir el prólogo de este libro pese a su vida de viajes permanentes y lucha por los derechos humanos; a Artur Santos Silva, por el apoyo de la Fundación Calouste Gulbenkian, y a Ana Glória Lucas, Lucía Martínez, Nadia Alves y Anna Porter, por su trabajo de traducción minucioso.

Finalmente, me gustaría dedicar este libro a Luciana Ogando, que una noche de viernes se sentó frente a mí y que hasta hoy no se ha ido de mi lado. Gracias por aceptar mis partidas y viajes interminables, y por hacerme ver que este trabajo era importante no solo para mí, sino para nosotros.

NOTA BIOGRÁFICA

João Pina nació en Lisboa en 1980. En 2005 estudió en el International Center of Photography en Nueva York, especializándose en Fotoperiodismo y Fotografía Documental. Empezó a trabajar como fotógrafo a los 18 años, y gran parte de la última década la pasó en América Latina. En 2007 publicó en Portugal su primer libro de fotografía en colaboración con Rui Daniel Galiza (autor de los textos), *Por Teu Livre Pensamento*, en el que narra las historias de 25 presos políticos portugueses. Este trabajo inspiraría una campaña publicitaria de Amnistía Internacional que ganó en 2011 el Lion D'Or en el Cannes Lions International Festival of Creativity. Ha recibido varios galardones, becas y premios por su trabajo, entre ellos la beca Estação Imagem, el premio Moving Walls, y quedado finalista para el Henri Nannen Award, el Care Award y la beca Pierre and Alexandra Boulat. El trabajo de João Pina ha sido publicado en varios medios de comunicación de renombre mundial: *New York Times, New Yorker, Time Magazine, Newsweek, Stern, GEO, El País, EPs, La Vanguardia Magazine, D Magazine, Io Donna, Days Japan, Expresso y Visão,* entre otros. Se han expuesto sus fotografías en Nueva York (Open Society Foundations, International Center of Photography, Point of View Gallery y Howard Greenberg Gallery), Londres (Ian Parry Award), Tokio (Canon Gallery), Lisboa (Kgaleria, Casa Fernando Pessoa y Plataforma Revólver), Oporto (Centro Português de Fotografia) y Perpiñán (Visa pour L'Image). Este libro pone fin a su proyecto personal más largo, La sombra del Cóndor.

BLUME

Dirección editorial Leopoldo Blume
Fotografías y textos João Pina
Prólogo Jon Lee Anderson
Epílogo Baltasar Garzón
Poema Verónica De Negri
Concepto gráfico João Pina, Pedro Serpa
Diseño y maquetación Tinta da China
Tratamiento de imágenes Álvaro Texeira, Ángel Saldaña (Leicrom)
Traducción Lúcia Martínez Pardo
Producción/coordinación Cristina Rodríguez Fischer

Primera edición en lengua española 2014

Av. Mare de Déu de Lorda, 20
08034 Barcelona
Tel. 93 205 40 00 Fax 93 205 14 41
Email: info@blume.net

I.S.B.N.: 978-84-9801-770-0
Depósito legal: B. 14303-2014
Impreso en Tallers Gràfics Soler, Esplugues de Llobregat (Barcelona)

Con la colaboración de

Casa **Amèrica Catalunya**

CRONOLOGÍA

1978
21 de julio | Fin de la dictadura de Hugo Banzer en Bolivia, depuesto por un golpe de estado.

1979
28 de agosto | Aprobada en Brasil la ley de amnistía para los presos políticos. Esta misma ley permite que los torturadores del régimen militar no sean imputables.

1980
17 de julio | Nuevo golpe de estado en Bolivia, que instala al general Luis García Meza en el poder hasta agosto de 1981.

1983
10 de diciembre | Fin de la dictadura militar en Argentina.

1985
1 de marzo | Fin de la dictadura militar en Uruguay.
15 de marzo | Fin de la dictadura militar en Brasil.
22 de abril a 14 de agosto | Juicio de las juntas militares en Argentina.
El presidente Raúl Alfonsín decreta que se abra un juicio contra los líderes de la junta militar argentina por crímenes contra la humanidad.

1989
2 de febrero | Fin de la dictadura en Paraguay.

1990
11 de marzo | Fin de la dictadura militar en Chile.
29 de diciembre | El presidente argentino Carlos Menem indulta a los condenados en el juicio de las juntas militares; todos los militares quedan libres.

2003
15 de junio | Se declaran nulas las leyes de inimputabilidad de los crímenes de la dictadura militar en Argentina, así como los indultos otorgados por el presidente Menem.

2006
Empiezan los juicios principalmente a militares argentinos por crímenes de lesa humanidad.